新手妈妈的情绪管理课

What Mothers Do Especially When It Looks like Nothing

【英】娜奥米·斯塔德伦（Naomi Stadlen）◎著

刘科◎译

中国经济出版社
CHINA ECONOMIC PUBLISHING HOUSE

·北京·

图书在版编目（CIP）数据

新手妈妈的情绪管理课／（英）娜奥米·斯塔德伦著；刘科译．
—北京：中国经济出版社，2019.6
书名原文：What Mothers Do especially when it looks like nothing
ISBN 978-7-5136-4903-2
Ⅰ.①英… Ⅱ.①娜… ②刘… Ⅲ.①儿童教育—家庭教育
Ⅳ.①G781
中国版本图书馆 CIP 数据核字（2017）第 250737 号

责任编辑　郭国玺
责任印制　马小宾
封面设计　任燕飞工作室

出版发行　中国经济出版社
印 刷 者　北京科信印刷有限公司
经 销 者　各地新华书店
开　　本　787mm×1092mm　1/32
印　　张　9.375
字　　数　206 千字
版　　次　2019 年 6 月第 1 版
印　　次　2019 年 6 月第 1 次
定　　价　42.00 元
广告经营许可证　京西工商广字第 8179 号

中国经济出版社 **网址** www.economyph.com **社址** 北京市西城区百万庄北街 3 号 **邮编** 100037
本版图书如存在印装质量问题，请与本社发行中心联系调换（联系电话：010-68330607）

前言

在我生第一个宝宝时，我简直不敢相信我的孩子就要出世了。当时，我没有太多的想法，完全没有此时此刻的兴奋。但过了一会儿，助产士将宝宝放在产床上，让她躺在我的臂弯里。我低头看着她，手臂也感觉到了小家伙的重量——她热乎乎的、重重的，这是以前从未有过的感受。我被她打动了，她浑身上下都那么漂亮。我之前完全不知道，我的宝宝会是这个样子。她看起来是那么健康、坦诚，对我充满了信任。我真的能照顾好她吗？我低下头，看着她明亮的双眼，眼前这个新生命的眼中闪着银色的光芒，她的眼神似乎解答了我内心的困惑。小家伙看起来很不错，当然，这就意味着她一定活得很好。当我凝视着她动人的脸庞，一切似乎都变得清晰而又简单了。

回家后，我发现很难再有医院那一刻的感觉。做妈妈似乎并不是一件清晰而又简单的事。同时，我没法更加轻松地应对，对此，我也深感惭愧。因为宝宝的来临是再平常不过的一件事了，所以我认为，此时的困难说明我自身存在严重问题。我想要写《新手妈妈的情绪管理课》这本书，其中一个原因是，我想证明给自己看，其实我当时所有的情绪都是正常、合理的。

做妈妈是一件很不容易的事，这意味着，在育儿过程中我们出色完成的每一件事，我们都可以引以为豪。我希望在我对种种困难做出解释时，其他妈妈们可以感受到，自己曾经遇到的困难都是正常的；我也希望她们每天都能找到让自己快乐的理由。此外，我希望这本书还能给妈妈们带来心灵上的宽慰、理解和鼓励，尤其是在产后前几个月的情绪不稳定期。

分娩的整个过程结束时会迎来宝宝的降生，这让人感觉太神奇、太不可思议，而妈妈在无休无止照看宝宝的过程中，很难看到自己工作的目的和意义。妈妈们常说："我累得快疯掉了，整天都在围着孩子转。"可是，大家在办公室做同样无聊的工作时却不会有这样感觉。

日复一日地照看孩子可能并不是一件令人愉快的事，但是妈妈们成功地做到了。这项工作可能让人感觉可怕，但是带孩子时，我们可以摒弃传统，重新做出新的思考，这也是一件令人兴奋的事。所以，我希望《新手妈妈的情绪管理课》一书能起到以下两个作用：一是给予妈妈们一直渴求的鼓励；二是为那些想要理解妈妈的人充当一块坚实的垫脚石。

目录

第一章　无人理解，妈妈该怎么做

第五章　宝宝总是在哭，妈妈该怎么做

第六章　感觉整天什么事也没法做，妈妈该怎么做

第九章 感觉给不了宝宝母爱，妈妈该怎么做

第十章　觉得失去了自我，妈妈该怎么做

第十一章　夫妻矛盾渐多，妈妈该怎么做

第十二章 外祖母不帮忙，妈妈该怎么做

第一章

无人理解，妈妈该怎么做

当我告诉身边的人自己正在为妈妈们写一本书时，他们会一脸同情、充满惋惜地看着我。人们问我：“你难道没想过，市面上已经有很多类似的书了吗？有关这方面的内容，别人不是都已讲过了吗？”

答案是没有，根本没有。妈妈们所生活的世界，从未被人们正确描述。对于母亲这一身份的探索，在许多方面都还无人涉足。

“你真幸运”可能是一种蔑视，甚至于侮辱

妈妈们时常抱怨她们与外界的疏离，但事实上，不被他人理解是一种更深意义上的疏离，因为某个人很难将自己的重要经历与他人进行分享交流。来自加利福尼亚的作家苏姗·格林芬曾说：“有关母亲这一主题，作品太少太少。”她回忆道：“以前大多数时候，只有我和一个婴儿待在房子里。”后来，在她与丈夫和孩子外出时，她这样写道：“那时，我不善言辞，满脑子想着人们会把我当作一个傻瓜。我感到不可思议，不想与他人交流。但是，有些东西确实是我之前很想告诉别人的，那是一些十分深奥的东西。”来自英国的小说家罗切尔·卡斯克曾这样写道：“当我成为妈妈之后，我人生中第一次发现，我失去了语言能力，没有任何一种方法能够将我发出的声音翻译成他人能够理解的语言。”如果上述两位从事语言工作的妈妈都发现谈论母亲这一角色是如此困难，那么，对于其他妈妈来说，这一定会更加困难。一位妈妈曾这样说：

我礼拜四去参加了一个晚宴。在宴会上，我无话可说。我完全没法融入那个环境。我无法谈论我关心的那些事。即

使我和他人谈起，也没人会理解我。(小王子，6个月)

面对我们惯用的语言，妈妈很容易就会陷入崩溃。另一位妈妈这样说：

我的老板打电话问我，是否正在工作。我告诉他："没有。"为此，我非常懊恼。(小王子，9个月)

这位妈妈的意思是，她此刻的工作方式并不是老板所指的那种方式，但事实上，她的确在工作，她的工作就是带孩子。她生自己的气，因为她失去了把这件事给老板讲清楚的唯一机会。许多妈妈都会发现，自己经常也有像上述妈妈那种自我否定的经历："最近，我没法做任何实际的工作"，或者"最近，我只是在带孩子"。带孩子这件事，做的时候觉得它是一件"事"，可在其他时候，妈妈们却发现，很难说这到底是一件什么事。妈妈发现，很难找到词语来向别人解释"带孩子"的真正含义。

与我们平时做的事不同，妈妈在"带孩子"这件事上可以无师自通，无须接受培训、资格认证或专业指导。宝宝一旦出生，妈妈会发现自己成了世界上最具影响力的人之一。当然，假如将妈妈的影响力与名人或学校老师相比的话，她或许只能影响到一两个新生命的人生，但是妈妈的影响力很可能会深入生命，并持续这个人的一生。从整体上讲，妈妈这个群体保证了人类文明的延续，一代又一代，绵延不绝。

关于"妈妈应该是什么样的"，市面上有很多书籍都给出了规定，一些妈妈作家也在自传中抱怨，要当个好妈妈实在太难，但很少有书籍关注过妈妈们所取得的成就。但是，许多妈妈都无法认识到自己的成功。一位妈妈可能会身心疲惫，家里看起来也乱糟糟的，但她却能出色地照看好孩子。

“当妈妈”这一词语绝不仅仅是对一个角色或一份工作职位的描述，它甚至对妈妈们的日常行为也没有做出任何诠释。当然，世界上能做出妈妈般举动的人并非只有妈妈，大部分人都可以表现出母亲般的行为，但是“像妈妈”和“当妈妈”之间确有很大的不同。

“妈妈”一词描述的是一种关系，通常它只能被塞进女性现有的各种关系之中。她可能已经是一位妻子（或伴侣）、朋友、同事、邻居、女儿、姐妹，或者是一位继母、教母或者阿姨。一般来说，女性只有在生产之后，才会使用“妈妈”一词来描述自己，但是一旦她生下孩子或领养了一个孩子，这种母子关系就会永久不变。母子关系超越了妈妈和孩子的生命，即使母子都已不在人世，但在他人的记忆和提供的证据中，这种关系仍然亘古不变。一个人，无论性别和年龄，都可能会“像妈妈那样”对待另一个人，但是他们之间的关系绝不可能像母子那样维持得那么久远。

妈妈们就在我们的身边。走在大街上，不管我们是看到还是没看到，我们都可能会从某对母子的身边经过。我们对他们之间的关系能了解多少呢？如果宝宝表现得很“乖”，有的人就会告诉妈妈：“你真幸运，有个这么好带的宝宝。”但是，带宝宝根本不是一件容易的事。“宝宝很好带”也只是一个相对的说法。许多妈妈都是在竭尽全力地带孩子，有时还不得不在繁杂的事务中挤出时间来照看孩子。一句“你真幸运”可能是出于好意，但听起来可能是一种蔑视，甚至于一种侮辱。

我非常疲惫，可是我却觉得自己一事无成

但是，对于任何一种关系，人们都无法看清它具体的运作。我们可以看到妈妈正在做的事，但我们可能并不明白其中的真正意义。

我必须去医院做B超，所以，从上星期五到下星期一，我一连四天都得做。拍片结束后，我立即得知结果是阴性的，这让我着实松了一口气。但那几天我都不能抱女儿，我感觉非常失落。我只好给自己找点儿别的事做，于是，我就开始粉刷我家的外墙。我就这样不停地刷啊刷，到了星期二，我终于又可以抱女儿了。之前我以为，我肯定会一阵狂喜，但事实并不是那样的，我只是感觉……我又变得完整了。我太爱女儿了。（小公主，2个月）

这位妈妈内心所发生的戏剧性变化，外人能够看到多少呢？星期一，她还在努力地刷墙，星期二，她已经平静地把女儿抱进了怀里——外人是很难感受到这种强大的母子关系的。

生活中，似乎没有哪一个词语能够表达妈妈内心的强烈感受。职场人士通常会认为，“眼不见，心不烦”，但一位职场妈妈即使看不见自己的孩子，她的心里也会时刻牵挂着他。如果妈妈选择在家照看孩子，她可能会担心自己干得太少。人们很可能会告诉她：“现在当妈妈了，你一定很忙吧。”但是，带孩子会把妈妈的生活节奏变得很慢。当她将自己的生活节奏放慢来保持和宝宝的同步时，她会感到非常气馁，会觉得自己一事无成。

日常的琐事只是育儿的一个部分，妈妈在育儿过程中出现的强烈情感也不能归因于这些事情。在带了一整天的孩子之后，妈妈可能会突然明白这一点。晚上，丈夫回家了，这位妈妈想着，自己终于可以和成年人交流一下了。这个人不是外人，而是孩子的爸爸，是她所认为的可以理解自己的人。丈夫或许会关心地问："今天怎么样?"其实，带一天孩子真不容易，这时，妈妈可以说出自己的感受，以期获得丈夫的同情，让自己满血复活。她挖空心思地找一些话题和丈夫讨论，但结果却让人沮丧，因为任何语言都无法真实表达自己此时的真实感受。如果是一位单身母亲，在面对那些单身朋友的询问时，就更难以把自己的真实感受说清楚了。

那天，我带女儿去了趟医院，我本可以用5分钟左右的时间就跟先生讲完这件事的，可是，那天我心情糟糕透了，最后花了整整一天的时间才跟他讲清楚。(小公主，2个月)

我想给先生讲我一天的情况，可我却发现似乎没什么可讲的。儿子拉了3次大便，换了3块尿布，还一直不停地哭，一天只消停了半个小时。这有什么可讲的呢？（小王子，3个月)

先生下班回来，问我今天怎么样，我告诉他，我带女儿去咖啡厅见了朋友和她的宝宝。从先生的脸上可以看出，他以为我今天过得十分轻松。其实，事实上并不是这样，但我又不知道如何辩解。的确，我去咖啡厅和朋友聊聊天确实是一件特别开心的事，但其实我根本没法放松下来，也没办法集中注意力——我的朋友也是一样。我们俩的注意力都在各自的孩子身上。(小公主，3个月)

在一天的忙碌之后，先生回家了，可是，我要怎样给他讲述我一天的经历呢？儿子学会开烤箱门了。虽然他这样做的时候我非常兴奋，但在别人看来，这根本不算什么事。我也没期望他听到这件事会有多激动。(小王子，10个月)

如果妈妈连自己一天的辛苦都无法说清楚，那么，她也几乎不可能告诉自己：“我讲不清楚，很可能是因为我们的语言中没有合适的词语。”她或许会想，在经历了疲惫的一天之后，谁还会有精力去弄清这些事呢？在一天结束之时，一家人互相交流，讲讲今天发生的事，这似乎也是人类特有的行为。人们通过描述一天里发生的事来说出自己遇到的问题并设法解决。在妈妈的眼里，假如连自己讲的事都一文不值，那么，她也将很难在与别人的交流中理解自己的行为——更不用说让她的伴侣理解自己了。

人们通常都看不见妈妈们所取得的成就。例如，对于带着2个月大的婴儿去医院的妈妈来说，怎样才能说清楚她做了什么呢？其实，单单计划去医院这件事，就会涉及多方面的思考。她并不需要制定一个完美的出行方案，但她的头脑中会有很多想法，她会尽力去顾及并解决那些最容易出错的事。另外，在医院嘈杂的环境中，如何才能让一个2个月大的宝宝在面对各种不可避免的等待时不会哇哇大哭呢？还有一点，妈妈将自己与宝宝的亲密关系带入了公众的视野。在这样的公共环境下，人人都得遵守社会规则，所有的事情已不在妈妈的掌控之中。对于上述例子，我们如何才能说明它的复杂性呢？

我什么都没做？ 难道时间是自己白白地溜走了？

我曾在一本美国的育儿书上读到过这样一个非常直白的句子："当妈妈是一件非常无聊的事。"之后，作者又继续写道："发现自己当上了妈妈之后，许多女性都会感到沮丧、焦虑和不舒服……在'做人'和'做妈妈'方面，她们都开始怀疑自己。"这样的状况或许正是由于我们语言的匮乏造成的，妈妈找不到合适的词汇来表达自己的真实感受。当我们发现自己做的事情毫无意义时，很容易感到无聊和乏味。人们都喜欢能够弄清楚自己的行为和动机，所以，当妈妈们弄不明白自己带孩子究竟有何意义时，她们很可能会感到"沮丧、焦虑和不舒服"。

让我们试想一下这样的场景，我们一起去做个研究，看看妈妈们到底是怎样开始她们的育儿之路的。我们先选定一位新手妈妈，然后问问她是否愿意和我们谈谈她是如何和宝宝相处的。我们约定在一个星期日晚上给她打电话，这时，她和宝宝相处已经有一段时间了。我们到达她家时，她正抱着宝宝，宝宝的头靠在她的肩上，显然，我们的到来让她感到有些不安。假如我们问她最近怎么样，我很确定，我们马上就会遇到问题。她肯定会曲解我们的意思，她最在意的一定是她没做完的那些家务活。要照顾自己的生活，还有一大堆未做完的家务活让她感觉很烦恼。假如我们继续追问："你还没来得及洗澡和吃午餐，哦，在我们到来之前，你和宝宝正在做什么呢?"这时，她很可能回答说："没做什么"或者"什么都没做"，抑或"我都不知道时间去哪儿了"。

我们到来之前，
你和宝宝正在做什么呢？
没做什么。
什么都没做。
哦，我都不知道时间去哪儿了。

什么都没做？难道是时间自己白白地溜走了？即使是现在，假设我们再来看看这位妈妈，我们也会清楚地看见，她还守在宝宝的身边。她放弃了洗澡和午餐，把全部的时间和精力都给了自己的儿子。我们可以看到一个被慷慨无私的母爱呵护着的宝宝。可是，大多数人都会发现，要把这些事的完成过程准确描述出来是很难的。我们的语言可以非常清晰、准确地描述一些具体的事情。比如，刚做完清洁的人能够清楚地说明自己干了哪些活，也可以将干净整洁的区域展示给别人看。妈妈在照顾宝宝时，宝宝的身上不会出现什么明显的变化，由此可以证明妈妈的辛劳。

我为宝宝忙前忙后，
却找不到任何词语来描述自己的行为

相反，如果要给妈妈们挑错，大家似乎都非常擅长。在妈妈和孩子相处得不好时，我们有太多的词来形容妈妈的行为，我们可以整理出一张全是贬义词的词汇表：粗心大意、自私、没心没肺、自恋、冷漠、没爱心、漠不关心、不负责任、不自然、敌意、残忍、虐待、惩罚、诱惑、阉割、有占有欲、过度保护、干涉、控制、专断、飞扬跋扈、苛求、令人窒息、不会放手、过度干预、完全围着孩子转、过度迁就孩子、执拗、油盐不进、野心、过度焦虑、神经质、歇斯底里、不成熟、不称职、寡言少语、无动于衷、抑郁、纵容、娇惯、放任不管、理想主义……可能你还能列出更多类似的词语。

这些词语的所指都非常具体，它们被用来形容妈妈与

孩子之间错误的相处方式。通常，当妈妈在某个方面做得太多或做得不够时，人们就会认为妈妈的方式是错的。例如，一位妈妈可能会被贴上“粗心大意”的标签，而另一位妈妈的行为则会被看作“过度保护”。可是，不管怎样，妈妈总会保护自己的孩子，并不是每一个妈妈都做得太过或做得不够，这两种情况只是两个极端而已。因此，从逻辑上讲，我们需要有第三个词来形容“恰到好处的保护”。这样一来，我们就可以用这个词来形容那些给予孩子很好保护的妈妈。

在对妈妈进行肯定时，我们使用到的词汇数量相比起来就要少得多。我们常会听到这样的词汇：温暖、爱心、很棒、耐心、善解人意、友善、关心人、滋养身心、关切、责任感、无私。在这些词语中，大多数都不是用来形容妈妈们值得称赞的行为，它们描述的是妈妈们的内心状态。然而，大家根本看不见妈妈的内心状态——就连她自己可能都不会意识到。这意味着，在妈妈为宝宝忙前忙后的时候，她却找不到任何词汇来描述自己的行为。比如，一个妈妈刚花了半个小时来安慰痛苦的宝宝。之后，当我们走进她的房间时，我们可能会为打扰到她而致歉，此时她很可能回答说：“没关系，我也没做什么特别的事。”但事实上，她的确实实在在地做了。

我们生活在一个善于表达的社会，我们在不断地询问自己和他人。我们为新手妈妈预留了一大堆恐怖的词汇来谴责她们“错误的”行为，而几乎没有任何词汇来赞扬她们正确的行为，这太不公平了。我们的词汇表中缺乏这样的词能够与那些负面的词汇和短语一一对应。

难道妈妈的焦虑不是合情合理的吗？

妈妈们最大的成就通常被认为是一种失败。一个很好的例子就是“为孩子担心”。大多数妈妈都会感到担心，但是，妈妈在担心时实际上做了什么呢？比如，她会尽量地“体会”宝宝的感受，还会尽可能将宝宝的行为与自己读过的育儿知识进行匹配。她可能会从记忆中唤醒多年前听过但却早已忘记的事。

换句话说，妈妈的大脑时刻都在快速运转着，思考的内容非常广泛，甚至涉及好几个层面。最终，她可能对宝宝的哭泣有了较为清晰的看法。之后，她会告诉他人以确认这一看法，但别人通常会告诉她，“别担心过头了”，好像妈妈所有的细心只不过是她“自己太蠢”而已。听到这样的话，妈妈很容易感到失望，觉得自己很傻，那是因为“担心”一词通常被用来形容那种毫无意义的重复思考。我们需要一个褒义词来赞赏妈妈们充满智慧的“担心”。

有时，妈妈们会借用精神分析领域的一些专业词汇。她们这样做，或许只是为了把自己的感受描述得更准确。我们常会听到妈妈将自己的行为说成是“神经质”“痴迷症”“上瘾症”“恐惧症”或“妄想症”。例如，一位妈妈可能会说自己有“妄想症”，因为她不想让她的朋友来看宝宝，原因是这位朋友说自己可能患上了流感。有时，妈妈也会把自己描述成“痴迷症”，因为她会不停地查看宝宝是不是饿了。有时，有的妈妈也会把自己说成“神经质”，因为当宝宝睡得太久时，她会突然感到恐慌，以为宝宝可能生病了或者要死了。

以上所有例子描述的都是妈妈异常小心的情形，因为她的育儿经验非常有限，还不能正确地应对各种风险。这时，她会选择更加安全的方法。以前，她很可能阅读过有关婴儿猝死综合征的知识，或者是在宝宝上次生病的时候，她开始只是以为宝宝睡着了。有了这样的前提，难道妈妈的焦虑不是合情合理的吗？许多妈妈都会分外焦虑，她们会频繁地进行确认，生怕自己的担忧会变成现实。其实，这样的行为非常符合逻辑，这也是妈妈们经验积累的好办法。

一开始，我会为很多事情感到担忧。那时，我非常神经质，现在，我才算明白了。（小王子，6 周）

第一位妈妈：有一次，宝贝突然停止了呼吸，然后，浑身变得稀软。我把他抱起来头朝下，一个劲地拍打着他的身体。我不停地喊叫着他的名字。我拨打了 999 急救电话，然后，我们去了医院。事情发生得太突然了。过了一会儿，他就好了，然后……现在我回想起来，感觉自己当时快疯掉了，因为我会不停地检查他的状况。我真的很害怕这样的事再次发生。（小王子，7 周）

第二位妈妈：这种事情我也遇到过一次，我记得当时的情形也差不多。（小王子，9 个月）

我感觉自己都快成神经质了，因为我不停地想要去查看宝宝。看着宝宝睡得很好，我感到很满意，可是当我一离开他的小床，我就又开始担心起来。一开始，我尽量控制自己，让自己不要担心，但是这根本不起作用。之后，有天晚上，我告诉自己不要再做心理斗争了，想去看几次就去看几次吧。那天晚上，我总共去查看了大约三十次。我觉得我快要疯了，

假如发生了空难，
我该怎么办？
我是会游泳的，但是
我的宝宝不会游泳啊！

但在接下来的那个晚上，我注意到，我查看的时间间隔比之前更长了。现在我很确信宝宝睡得很好，但是我每天晚上还是要查看好几次。（小王子，3个月）

在飞机上的时候，我感到非常恐慌，直冒冷汗。我在想，我是会游泳的，但是我的宝宝不会游泳啊。（小王子，7个月）

我们可以把这些弗洛伊德精神分析领域的词汇用到那些行为真正不正常的妈妈身上，比如，那些一直不停地查看宝宝，但却不能从经验中学到任何育儿知识的妈妈，这样的妈妈可能需要把内心的恐惧讲述出来。但是，如果我们把这样的词用到所有妈妈身上的话，这些词的内涵意义便会变小，也会失去其原本的含义。

妈妈们真的需要在“专家们”的带领下才能穿过危险地带吗？

在描述育儿行为方面，我们缺乏准确的词汇，但似乎只有一群心理学研究人员和心理学家能意识到这一点。他们创造了好几个词汇。例如，“bonding”（亲密的亲子关系）一词就是由马歇尔·克劳斯和约翰·肯内尔在20世纪70年代创造的，现在这个词很流行。但是，在他们想到这个词的时候，他们对该词“黏糊糊”的内涵也不是非常满意。还有一个表达是“attachment parenting”（依恋式养育），它是英国和美国心理学界提出的一种理论，用来解释小孩子如何自发地和可信赖的家长（或能替代家长的人）进行交流。此外，还有一些特殊的词汇，如“entrainment”（串联）指的是：“婴儿的行动会与母亲的声音保持同步，也可以说，婴儿的行动会受妈妈的影响，而宝宝的举动则会鼓励并刺激妈妈继续原来的方式。”

克劳斯和肯纳尔声称：“我们认为，在产后的那个时期，每个家长都需要完成一项任务。”负责设定任务的正是他们两个。这句话把妈妈们的育儿带进了一个雷区，妈妈们似乎要在“专家们”的带领下才能穿过危险地带，而不是妈妈们带着研究者——最重要的一点是，妈妈们还得使用这些“专家”的语言。的确，没有哪位妈妈曾去创造一些像“bonding”（亲密的亲子关系）、“attachment”（依恋）或“entrainment”（串联）那样的伪科学术语。妈妈们所谈论的只有爱。

相反，一些普通词汇对妈妈的用处更大。最近，一个与孩子看护有关的词汇进入了英语的词库，对于母乳喂养的妈妈来说，这个词非常有用，它就是“positioning”（喂奶姿势）。该词是由两名女性健康专家在1970年创造的，它指的是妈妈在抱着宝宝喂奶时，一定要将宝宝调整到最舒适的姿势，以便宝宝的嘴巴能够得到妈妈的乳头。根据妈妈的身高、乳房的太小和形状、宝宝的身长以及妈妈所坐的椅子或躺的床，喂奶的姿势都会有所不同。如果妈妈和宝宝没有调整到一个准确的姿势，这次哺乳就会失败——这种情况在当今非常普遍。为什么有这么多的女性认为她们“无法”哺乳呢？看到这个词之后，个中的诸多原因就易于理解了。

但是，仅仅在数十年前，人类似乎才觉得需要找到一个单词来对哺乳姿势做出准确的解释。在此之前，妈妈们在这个问题上似乎全都处于无声状态。杰奎琳·文森特·普里亚曾这样写道：“在传统社会中，所有妈妈都采用母乳喂养的方式，人们会认为每个妈妈都会哺乳，也都会给孩子喂奶。在我去过的所有地方，我从未见过不会哺乳的妈妈，也没遇到过无法给宝宝提供充足母乳的妈妈。对于在这种环境下长大的女孩来说，哺乳是一种司空见惯的日常行为，所以，她们在很小的年纪就无意识地学到了这些技能。”靠吃母乳长大的孩子们，不论是男孩还是女孩，都会学着妈妈的样子，将玩偶或柔软的玩具放到自己的乳头上。这说明，数千年来，女性就是通过观察才成功地把这一细致精确的信息一代又一代地传承了下来。这样的成就简直太棒了。

在过去，女性会观察其他妈妈的行为，这种观察的价值和重要性是不言而喻的。而如今的新手妈妈住在公寓里，独自一人艰难地带着宝宝，早已远离传统的世界。另一方面，如今的妈妈都有电话，上网也很方便。如今的育儿信息都是通过语言来交流的，这和以前大不一样。如果我们没有相应的词汇的话，那么，交流就会受到阻碍。

所以，在带孩子方面，很少有人会对你说：“做得好！”这样的话会让妈妈好受得多。（小公主，8个月）

妈妈们经常说，在大街上，一个陌生人投来一个微笑或一句赞美的话都会让她们在余下的一天里充满力量、自信爆棚，但是，通常情况下，投来微笑和赞扬的并不是别人，而是其他同为妈妈的女性而已。如果其他人不知道妈妈的能力，即使他们眼睛紧盯着妈妈，也不可能意识到，这位妈妈正在完成一件了不起的事。

带孩子不是妈妈一个人的事业，也不是妈妈的业余爱好

我认为，妈妈经常感到担心，这是完全合情合理的。妈

妈并不是独立于社会之外的人，她也并非某些人所想象的那样，只是在为自己的尊严而苦苦挣扎。孩子并不只是她一个人的事业，带孩子也不是她的业余爱好，她是在为我们的社会培养新成员。当我们在一辆缓慢、闷热、拥挤的公交车上，看到一位抱着孩子的妈妈，此时，宝宝正在哇哇大哭。难道这位妈妈没有注意到我们吗？她很可能会抬起头，焦虑地扫视一下周围，以确保没有影响到我们，或者只是坐在那里，有种公然违背了规则的紧张感，因为她确实觉得打扰了我们。此时，我们传递的信号对她非常重要。我们每一个人都参与到了对下一代的养育之中，虽然那时我们可能并未注意到这一点。

我们现在把公交车上的那位妈妈和同车的一位打扮时尚的女性做个对比。对于其他人表情中流露出来的各种态度，这位时尚女性可能会泰然处之。相反，那位带孩子的妈妈对于我们的负面态度则会非常敏感。那么，这位妈妈为什么就不能像那位时尚女性一样，坦然接受人们对她的不同态度呢？这是因为妈妈们的确需要一些积极正面的信息来认清自己的工作。这并不是说妈妈们的所有行为都会讨人喜欢，或远比那位时尚女性讨人喜欢，但她们的确需要我们的尊重和公平的对待。

如果一个人像一位妈妈一样尽职尽责地工作，到最后却不清楚自己到底干了些什么，那么，在工作了一天之后，他怎么会感到满意呢？如果妈妈只是在描述自己的失败，那么，她怎样才能和他人好好地谈论她一天的生活呢？如果女性把带孩子看作是一件令人不快的事，她们能享受到其中的乐趣吗？

无论有多么困难，总有些女性似乎非常喜欢带孩子，相反，也总是有些人会非常讨厌，而大多数人介于两者之间，有时喜欢，有时讨厌。对于女性来说，如果有很多词汇来赞扬她们的职业能力，而在带孩子方面只有一些负面词汇来挑剔她们，那么，她们会情愿自毁名誉吗？她们更喜欢回归能找到自尊的工作岗位，这难道不是轻易就能明白的事吗？许多全职妈妈常常抱怨说自己挣得不够，因为她们的收入都给了保姆，但是，保姆至少为她分担了育儿的责任。

在过去，一些妈妈也会花钱雇用保姆，但一般都是让保姆到家里来和自己一起带孩子。但如今，大多数妈妈上班时都会与宝宝分开，因此，她们需要把宝宝交给他人照看。妈妈们经常说："如果成天待在家里，就只有你和宝宝，你会疯掉的。"当然，这句话有一些道理。要肩负如此重任，即便出色地完成日常的各项任务，也很难得到他人的认可，这的确会让人疯掉。我们常听说，妈妈可能会给宝宝带来的许多不良影响，但是，好的影响呢？这些好的影响当然会伴随孩子的一生，为什么人们却很少谈起呢？

总之，我们所使用的语言非常重要，它会勾勒出妈妈的整体形象。目前，妈妈的形象是被扭曲的。在这样的误导之下，女性们会错误地认为，她们能够在职场获得成功，与此形成鲜明对比的是，带孩子太难了，根本不可能是"成功的"。因此，我们需要一个更加真实的形象。这样，对于那些自认为有能力带好孩子，并愿意选择在家带孩子的妈妈来说，她们能得到更多的支持。

第二章

面对新生儿手足无措，妈妈该怎么做

我就像到了一个不同的国度

在循环往复的生活中，妈妈们（尤其是新手妈妈们）都知道在有了孩子之后，她们的生活将产生一个巨变。她们的幻想是充满戏剧性的，“就像到了一个不同的国度”“像在外星球”“像处于一个特别轨道”“像在一个平行的宇宙中”。怕宝宝会哭，所以在说话的时候，妈妈们都在轻轻摇晃着怀中的婴儿，这样可以让宝宝感受到妈妈的力量。

我仍未从震惊中完全回过神来。在我生下儿子后，那些中年妇女把我留在这个单独的房间。她们说：“你的宝宝需要你。你得给他喂母乳！”可那时候已经是晚上了，而且没人教过我怎样哺乳。（小王子，2 周）

我以前不知道我会这么爱她。现在，我在尽我所能地保护她，我要让小宝宝活下去。这件事情很严肃。（小公主，2 周）

对我来说，他刚出生的时候完完全全是个陌生人。我现在很爱他，但并不是在看到他第一眼的时候就很爱。为什么没有人告诉过我这一过程有多艰难呢？（小王子，5 周）

生完孩子后，我完全懵了。我不知道怎样哺乳、怎样换尿布和完成其他事情。我脑子里不停地回放着生孩子的过程，我整整花了好几个星期才从中缓过神来。（小公主，6 周）

在你有孩子之前，你肯定在街上看到过这样的景象——一对夫妇一边带着宝宝在公园里游玩，一边在说说笑笑，脸上洋溢着幸福的笑容。但我却发现，现实并不是从一开始就是这样的。我和先生正在积极适应并努力成为这样的父母。（小王子，3 个月）

成为一个母亲的感觉就像经历了一场地震，还挺很吓人的。你身边所有的关系都会因此而发生变化。(小公主，4个月)

(对于如何当妈妈）我完全没有一点概念。(小王子，5个月)

在第一次当妈妈的时候，我完全被震惊了，就是像被炮弹击中的那种冲击。但是到了我生下第二个孩子的时候，感觉就不一样了。我已经没有第一次这么震惊了。(小王子，4岁；1岁)

这些都是母亲们的振聋发聩的心声。她们使用最多的一个词就是“震惊”。“震惊”竟然被用于形容为人之母这件事，是有些奇怪的。在这么漫长的历史长河中，母亲们的经验和智慧被一代又一代地传承下来了吗？

在传统文化中，女孩子们在年轻的时候就被教育有关为人之母的责任。在西方文化中，大多数女性成为母亲时只有少之又少的经验和寥寥无几的支持。

在过去，大多数女性都期待成为母亲。为人之母赋予了一个女性进入女性主流文化的资格。如果没有孩子，她可能只能在这一文化的边缘徘徊，做一个好阿姨，偶尔帮亲朋好友带一下孩子。一旦她有了自己的孩子，她就会想要进入女性文化的中心。

但是今天，事情已经不是这样了。很多女人都是全职员工。整个女性文化也在成长并且支持这种改变的发生。当一个女人有了孩子时，就意味着从工作状态变为休息一下，并且暂别她的工作伙伴。她的办公室可能会为她放上一个“休假”的牌子，尽管她可能只离开数月，她也能感受到这个办公室还是她的。与之前进入核心文化不同，她觉得，她将这一文化抛在了身后，并开启了一段独自的旅程。

新手妈妈们经常搜集有关育儿的信息。她们钻研相关的书籍和杂志，观看相关的视频并去参加准妈妈课程。这使她们对即将到来的“震惊”更加警觉。“对于这些准备，她做得越少，她就将来面临的慌乱就会越多”，约翰·科比博士在他的书中一篇题目为《宝贝冲击波》（*Baby Shock*）中如是写道。对于很多女人来说，尽管她们参加了培训课程，但却还不足以应对现实。有经验的母亲应该站出来为她们提醒和警告。这样，她们就能有所准备从而不受到太大的冲击，即使事实上她们还是会面临巨大的冲击。

为什么妈妈们被这些冲击给击败了呢？从一定程度上说，一个女人是无法为了迎接她的宝宝而做好一切准备的。但是，她可以为即将到来的惊喜做好充分准备。这是一种超乎男女之间的爱。这跟女性期待浪漫的感觉截然不同，因为我们不会为了谈恋爱而去上培训班。我们从小就被告知，谈恋爱是一件富有戏剧性的事情，它可以颠覆我们的生活，把我们的生活变得更好或更糟。

摇篮曲是“为母之道”的有用经验

相反，很少有人以“为人之母”的经历来创作文学作品和歌曲，也没有喜闻乐见的艺术作品来缓解新手妈妈们刚刚进入这一新角色时所感受到的震惊和压力。这时，传统的摇篮曲就可以发挥作用了。当一个母亲在哼唱一首流传已久的摇篮曲时，她会联想到她自己的童年，想到她的母亲、她的外婆，然后，她会觉得自己有了依靠。在怀抱着宝宝的时候，妈妈也会好奇，孩子长大以后是否也会给自己的下一代哼唱同样的摇篮曲。然而，今天的母亲们经常说，她们不知道什么是真正的摇篮曲。

摇篮曲可以概括为“为母之道”的有用经验。比如，这首摇篮曲就是选自《歌曲编织者》（*Weavers of the Songs*）的《以色列和约旦河西岸阿拉伯妇女口头诗歌》（*the Oral Poetry of Arab Woman in Israel and the West Bank*）：

啊～啊呐呐，啊～啊呐呐～
我哄他入睡，但是他不睡——
我把他放在阁楼里，
因为我怕蛇会伤害他。
晃晃他，哦～我的嫂子，
可能你的声音能将他哄睡。

这首摇篮曲讲述的是，当一个母亲无法将她的孩子哄睡时，她就把孩子交给自己的嫂子，让她来哄孩子入睡。这首摇篮曲还有第二段，内容与第一段几乎完全一致，只是唱歌的人变成了嫂子。然而，嫂子唱道，她也无法将孩子哄睡。于是，嫂子又将孩子递给了说话者的妻子。

这首民谣向我们展现了母亲是如何手忙脚乱以及要多长时间才能把一个宝贝哄睡的。它让我们知道，一个母亲并不是天生就知道怎样做妈妈，也没有别的女性向她传授过什么育儿经验。通过这首摇篮曲，我们可以得知孩子无法入睡时母亲所感受到的焦虑之情。

这类摇篮曲其实还有别的功效。当一个母亲在一个人独处的时候哼唱起摇篮曲，她会觉得自己回到了一种节奏缓慢、循环往复的生活状态。而在这样的状态中，耐心、怜悯心、坚持不懈的品质尤为重要。这时候，一个母亲的生活目标就不是事业的巅峰成功，而是走好眼前的每一步路。很多女性在生了孩子之后就进入了这样的生活状态。这时，她们过往的很多价值观都被完全颠覆了。在竞争激烈的职场，耐心和热情这样的品质是被鄙视的，因为这里有许多女性在分娩之前都要一直正常工作。但是，在养育一个新生儿的时候，所有这些品质都会变得一无是处。有些新手妈妈所感到的震惊正是对这一价值观改变的一无所知。

我过往所接受的教育都浪费了吗？

在更加传统的旧时，母亲们带着宝宝去工作，或者会有人把宝宝带过来让妈妈哺乳。这一定是个历史悠久的女性传统。然而在今天，为人之母和工作已经被分割开来。两个世界不会有任何重叠的地方。那么，一个想要工作至怀孕末期的妇女该如何想象为人之母真正的样子呢？

大概在一代人以前，为人之母的准备在儿童游戏中就开始了。如今，小女孩仍然会有玩具可以玩，但通常都不是洋娃娃。但是，5 岁以下的孩子还是会本能地对妈妈们照顾宝宝的方式表现出兴趣。大人不需要专门叫她们来观看和学习。新手妈妈经常说，每当她们在儿童区坐下哺乳的时候，孩子们（男孩、女孩都有）就会停下玩耍，匆匆赶过来观看她们在做什么。孩子会站在旁边一看就看几分钟。有的可能会问，比如：“这是你的孩子吗？我妈妈也有一个宝宝。”她的话似乎是为自己的观看而做出的礼貌解释。几分钟之后，这个孩子就会跑回去继续她的游戏。

这是你的孩子吗？
我妈妈也有一个
宝宝。

整个学习过程感觉只停留在视觉层面，没有文字交流。这说明，孩子不仅仅要注视着自己的母亲，还要观察其他各种类型的母亲。从这样的观察中，孩子不仅学习到实例，而且也了解到母亲的态度。一个小女孩在观察一位母亲哺乳孩子的时候，她学习的不仅是这位妈妈的哺乳方法，而且还有母亲的尊严之类的品质，或许还有她哺乳孩子怡然自得的神态。通过这样的观察，整套传统似乎已经从上一代人身上传承给了下一代，尽管并没有太多的语言交流。

今天，这件事或许变得更加困难。大多数新手妈妈在孩子满周岁之前就回归工作岗位，这也是近些年的一个变化。很多孩子大多数时间都不能待在家里，而是和别的小朋友们待在一起。一个专业的女性团队负责照看他们。这就使得母亲与宝宝之间那些必要的眼神交流也变得更加困难。

从来没有一个时代像今天这样，让女孩们在是否为人之母这一问题上如此随便。在过去，为人之母的准备通常比较随意，但却非常奏效。女孩们要负责照看她们年幼的弟妹。在少女时代的这种准备或许有些束手束脚，但由于没有新的方式来取代，使得这种少女时代的准备逐渐走向了消亡。在什么样的社会，会有这么多新手妈妈抱怨说，在抱起自己的宝宝之前，她们根本就想不起抱过谁家的宝宝?

在过去，人们普遍认为，大多数女孩都会当上妈妈。女孩子在学校所接受的教育也将这一点作为终极的目的。在二十世纪的某个阶段，这种旧观念已经落伍了。女孩们不再被认为一定要当妈妈。这让女孩子们在观念上解放了自我，但也理所当然地让人们对为人母之道产生了一些负面的印象。

在历史上，教育是为了把人培养为精英人物。教育的目的是让受教育的人产生远大的志向，使他们不必再去做那些卑贱的工作。随着教育范围的扩展，这一目的已经发生了改变——但并不是翻天覆地的改变。这是一种根深蒂固的观念，因此，接受教育的孩子越多，他们就越可能对从事卑贱工作产生更多的负面心理。其中就包括育儿工作。一位身为母亲的牛津大学毕业生明确地说：“我以往所接受的教育都浪费了吗？我所接受的教育那么精英，但它却让我相信，我要把时间花在给宝宝缝名牌这种繁杂无趣的家务活上，简直是太浪费我的智商和才华了。这也让我相信，真正的女人不生孩子。”

教育支持我们成为独立的思考者，让我们干预提出质疑和发起挑战。如今的母亲们都说，她们有独立思考的能力。有些母亲则自愿选择成为单亲妈妈。有些母亲则是婚姻中挣钱养家的那一方。她们都为自己的独立而感到骄傲。但是，这些以独立为荣的母亲会不会发现自己更加难以对依赖自己的宝宝保持足够的耐心？如今的宝宝似乎不得不与他们的婴儿期仓促告别。母亲也许会表扬孩子在夜间一连几个小时都很“乖”（比如，睡觉），他们会安静地玩着自己的玩具，从来没有表现出任何“陌生人焦虑症”的症状，等等。或许，这些独立的母亲在面对宝宝那些依赖的需求时，会觉得更加难以面对吧。

分娩之后就是一个新的世界

多年的教育和工作经历还会以另一种方式影响着女性对为人之母这件事的期待。为人之母是一段持续不断的亲密关系。在为自己的著作《与母亲对话》（*Talking with Mothers*）撰写前言时，丹娜·布瑞恩（Dana Breen）认识到了这一点。她将之描述为“跨栏模型”，在这种模式下，一个人会为了克服一个困难或跨越一个栅栏而做好充分的准备。之后，他的生活又会重归正常。她认为，成为母亲的过程并非如此。一个女性在这个过程中被迫做出改变，生活也不再是生孩子之前那样。但是，丹娜·布瑞恩为什么要着重说明这一点呢？

教育机构要求学生们跨栏。工作中，这一模式得以重现。如今，绝大多数女性都是职业女性。一位女性的工作越具有挑战性，这项工作就充满越多的跨栏。无数的申请表、面试会准时地出现在她们的办公桌上，为她们提供成长机会、特殊的展示机会和晋升机会，打败竞争对手，捍卫自己的领地和申请扩展自己领地的机会……周而复始。

假如一位女性把“跨栏模式”运用于分娩这件事上，那也是完全合情合理的。她必须努力学习，以一次“成功的”分娩为目标，然后，她就可以出院回家，轻松地度过产褥期。一旦从分娩中恢复健康，新手妈妈的生活就会恢复正常，就如分娩以前一样。那么，当新手妈妈带着新生宝宝回到家时，却惊讶地发现，自己甚至连一分钟的时间都没有了，想要安静地看完一个视频，或者去和朋友们喝一杯，都成了奢望。

一旦孩子出生，一个女人的生活就会发生天翻地覆的变化。尼格拉·劳森（Nigella Lawson）写道：“关于怀孕和生子，奇怪的是，尽管我们知道两者是一个前后相继的关系，但在心理层面上，它们却完全不是一回事。我有一个朋友，在分娩不久之后说，她知道自己怀孕了，但为什么没有人告诉她就要有一个孩子了呢？我完全明白她所说的是怎么回事。”因此，那些听了我读的这段文字的新手妈妈们也是这样的感觉。

在回顾自己所参加的那些产前培训时，新手妈妈们大都有种被背叛的感觉。当然，这种产前培训课程很少涉及如何为生产后的育儿生活做准备。但产前培训只能提供一些微不足道的准备工作。在准妈妈参加这样的课程时，距离她的分娩时间只有短短几个月了。可以理解的是，分娩才是她最关心的事。产前培训班是为了满足准妈妈对分娩知识的需求。这是一个实用而易学的课程。准妈妈们的学习态度是积极和乐意的。她们或许会选择性地听课，筛选出分娩后的必要知识。但即使她们没有认真听课，如今大多数新手妈妈所面临的手足无措程度绝非一节产前培训课所能弥补的。

我接受过各种各样的培训，也看过很多书。我觉得自己知之甚多。但这一切现在全都派不上用场。我是一名老师，假如我班上的某个5岁小孩是我的孩子，我或许尚能应付。对于生孩子这件事，我没问题，但我现在认识到，那是我一直梦寐以求的事。我从没遇到过这么困难的事。我觉得自己笨手笨脚，孤军奋战，孤立无援，还一直觉得我所做的一切都是错的。育儿是一件不容易的事，更难的是，我还得亲口承认这件事。（小公主，5周）

我有种被欺骗的感觉。此前的所有准备都与生产后的育儿无关。每一天晚上，我都觉得万分惶恐。（小王子，6周）

生完孩子后，我像经历了一场电击。我是说，你为分娩做了各种各样的准备，突然，分娩的那一天说来就来了！此后，我就生活在这片巨大而空旷的空间里（小王子，2个月）

于我而言，分娩是无法想象的一件事。它让我惊慌失措。

（小王子，2 个月）

我对怀孕知识了如指掌。但与随之而来的育儿，怀孕简直不费吹灰之力。（小王子，3 个月）

为什么从来没人告诉过我呢？她们告诉我有关分娩、高位产钳、吸杯、剖宫产的所有细节。但之后的一切却没有丝毫涉及。我的女儿很奇怪，她喜欢我带她去各种地方，尽管她才两个月大。她每时每刻都要我抱着，哪怕是去动物园。可能不是每个母亲都会遇到这种情况，毕竟，这是很少见的，但确实让我遇到了。为什么没有一个人告诉过我，生完孩子后是这番样子？（小公主，4 个月）

我清楚地记得我从医院回来的那天。儿子躺在汽车后座的儿童安全座椅上。我把他从车里抱出来，抱进了我们住了很多年的公寓前厅，这时，我心里想："帮帮我吧！我接下来要做什么？我该怎么照顾他？"我所有的准备工作都停留在了生产之前，没有一样是为生孩子之后准备的。（小王子，9 个月）

这些话听起来有些难以置信。生活就是这样的难以置信。到了晚上，妈妈们会发现自己面临一个新的问题。白天那些琐事都不用担心了。照顾宝宝并不是你所认为的那么简单和安全，而是充满了危险和危机。一个孩子的安全很大程度上依赖于妈妈的机警。在大街上，一位与你擦肩而过的母亲看上去睡眼蒙眬，这是因为，对于她和宝宝而言，这个时刻是安全的。但是，一旦有什么东西惊动了这位母亲，她的眼神马上就变得警觉起来。即使是最懒散的母亲，在那一刻，她的母性也会立即被激发出来。

我正在和那些没有孩子的朋友渐行渐远

就像攀登珠峰一样，今天我要做三样不同的事情，它们都需要我做很多准备。(小公主，5 周)

当我和先生外出散步的时候，我抱着孩子，他说了些什么我完全没听进去。因为我一直在心里默默念叨：“小心，那里有一级台阶……前面的人行道有一处坏掉的地方…天呐，前面有个人在骑自行车。”(小王子，6 周)

每天早上醒来之后，我首先想到的是今天要带宝宝去哪里。然后，我就想，要怎么去那里，要怎么坐车。当了妈妈之后，出门时再也不能像生孩子之前那样无所准备了。(小王子，3 个月)

我的性格是有点毛躁的，但在当了妈妈之后，我变得务实多了。(小公主，4 个月大)

以上妈妈们的这些话可以帮助我们理解：在当了妈妈之后，有些女性为什么会与那些没有孩子的朋友渐行渐远。她们会感觉和对方无话可说。因为那些朋友在母婴知识方面是一无所知的，他们根本无法理解这些新手妈妈们。

我的一位朋友打电话给我：“跟我们一起去酒吧喝酒吧！这会是一个很精彩的夜晚。”可是，假如我出去玩了，谁来照顾我的宝宝呢？我的朋友们没有这样的负担，所以，她们无法理解我的担忧。要是在以前，我也可以像这位朋友这样一呼即应，随时可以跟她们一起出去喝酒。(小王子，2 个月)

我以前总觉得那些当了妈妈的朋友特别乏味，常常打断我们的谈话去照看她的宝宝。而现在我当了妈妈之后，也变得

哦~
多么可爱的
一对招风耳呀！
宝贝，不要理她！

跟我的朋友一样了。（小公主，4 个月）

在以前，那些还未生育的女性有时会向有孩子的朋友提供帮助，所以，她们或多或少对育儿有所了解。当今女性已经从这样的传统思想中自我解放了出来。而在自己成为母亲之后，这一变化所带来的后果却会让她感到孤独，因为她的女性朋友们也不太了解这方面的事。在她最需要理解和关怀的时候，却发现根本无法与老友交流育儿方面的事情。

她的朋友可能无法理解，在为人之母之后，任何有关自己孩子的事，妈妈都会联想到很多无关的事。宝宝成了她生命中至关重要的人。怀孕可能只是她一个人的事，唯一与此有关联的人就是她的丈夫。可一旦她生下了宝宝，孩子就变成了这个社会的一员，变成了我们共同生活中的人了。所以，任何人对她的宝宝评头论足，都会让她感到困扰。

我女儿在哭，我的朋友说："她真像一个歌剧女主角。"我觉得自己受到了冒犯。他还没有孩子。但他却在对我的孩子评头论足。（小公主，2 个月）

在我们的母婴群里，有一个小男孩长着一对招风耳。这没什么。他很快就会长出头发，他看上去就和别人没什么两样了。但有一位妈妈却大声嚷道："哦～多么可爱的一对招风耳呀！"我看到，这个男孩的妈妈凑近了他，不断地用手抚摸着他的小脑袋，看得出来，她的内心很受伤。每一个母亲都希望自己的孩子被所有人接受。（小王子，11 个月）

一个新手母亲的敏感性似乎处处都能派上用场。不管别人如何对待她的孩子，她都能做到其他人根本无法发现的细节。这是她作为母亲的职责。而敏感的另一面是她成为一个合格妈妈而必备的品质，而这一点又很容易让她受到伤害。

产假并非职业生涯的一次小休整

妈妈对宝宝生命中的一切都了如指掌。很多妈妈对这一点所带来的强烈情感是毫无防备的。她们以“职业女性”自居，希望把孩子放进她们井然有序的生活秩序里。而她们却并未预料到，自己竟然可以与宝宝如此亲近，以至于她们都不愿意回归职场。

最近几年，雇主对女员工的管理变得更加灵活。如今，母亲们可以休产假，可以为“职业中断”做出规划，但前提是，这只是一个短期安排。宝宝的到来被认为是正常的职业生涯中一次短暂的中断。这种观念会促使女性认为，她的职业晋升比怀孕生子更重要。不过，在真正有了孩子之后，妈妈们的这一价值观就会随即发生改变。平生第一次，对自己曾经意义重大的工作，似乎也不如宝宝重要了。

如果我放弃了我的工作，那么，我的职业生涯也就随之结束了。我已经拿到理科博士的学位，正在从事相关的研究。我用了好几年的时间才走到这个位置。一旦我不工作了，我就再也赶不上这个领域的前进步伐了。但我想陪伴我的女儿。我真的不那么在乎了！（小公主，3 个月）

让我饱受困扰的是，在生孩子之前，我就必须做出这样的决定。那时，我还不知道我将会经历什么。我当时只是决定，一休完产假就回去工作。但是现在我改变主意了，我不想离开儿子。也许别人也可以把他照顾得很好，但现在让我离开他，我真的舍不得。（小王子，4 个月）

我根本没想过我会做出这样的改变，也从来没想过我会

心甘情愿地留在家里照顾孩子。劳务合同里写得很清楚：我的产假只有9个月。而等到宝宝满9个月的时候，他就要开始爬行和走路了，而我只是不愿意思考这个问题。我不想让别人照顾我的宝宝。我只想陪在宝宝的身边，亲眼看着他一点点长大。（小王子，6个月）

快要临盆的时候，女职员要在一大堆产假申请表上签上自己的名字。产假结束时，她们不得不回归工作岗位。假如她们拒绝重回岗位，根据劳务合同的规定，她们要向雇主支付一大笔损失费，而这笔钱早就在产假期间被花光了。当重回工作岗位的那一天到来的时候，许多妈妈会有一种伤心欲绝的感觉。

工作安排正在发生变化。母亲们都是有经验的员工，雇主如果想要留住她们，就要为她们提供更加灵活的选择。然而，这种安排到目前还没人能做到。太多的产后妈妈在还没有做好心理准备的情况下就不得不重返工作岗位，而她们的宝宝也被剥夺了享受妈妈白天照顾和被爱的权利，对于宝宝和妈妈来说，这真是一场灾难。

生孩子——和行将死去一样——是我们要面对的重大人生转折之一，而且不可能给我们机会去彩排。但这并不意味着我们无所准备。至少，我们可以对即将到来的无所适从和呆若木鸡而做些准备。我们初为人母时，或许会感到呆若木鸡，但至少我们能够认识到，这是完全没有出乎我们的意料的，因为我们对于宝宝的到来确实是措手不及的。

初次受到这种爱的冲击时，妈妈们是恍惚而健忘的。而刚刚失去了亲人之后，一个人会感到孤独而痛苦。在最开始的几个星期里，母亲或许需要一个“缓冲期”。之后，她会逐渐成长为冷静而能干的妈妈。至少在最初的六个月里，假如我们能够接受新手妈妈们的手忙脚乱、焦虑紧张、困惑无知、感性脆弱，这样是否会显得现实一些？这样的开端是大多数新手妈妈的常态，假如我们能够接受这一点，那么，我们将会给予新手妈妈们更多的支持和理解。

一位母亲将仍然会遇到每个宝宝所带来的那种更加微小但不可避免的冲击。据母亲们说，当她们第一眼看到她们的宝贝时，最常见的感觉是惊喜。或许，这类似于第一次见到一个有过 9 个月通信联系的笔友时的感觉。通信的一方在心里早就把这个笔友想象成一个具体的形象——但见到本人时，却是另外一个模样。这 9 个月的时间是某种意义上的准备阶段。但从这一刻起，两人之间的缘分才真正开始。

第三章

感觉承担不了带孩子的责任，妈妈该怎么做

对于带孩子这样的责任，你是无法提前做好准备的

对妈妈来说，宝宝应该是一个让人惊喜的小天使，而不是摧毁妈妈自信的小恶魔。妈妈需要以足够的冷静来享受宝宝的到来，了解他需要的是什么。突然之间，新手妈妈了解到，她甚至在匆忙赶往卫生间之前都不得不首先考虑宝宝的安全和舒适。假如妈妈想要洗一个期待已久的热水澡，除了哗哗的水流声外，她是否还会听到浴室外传来的哭声呢？假如妈妈匆匆地赶去上班，将宝宝托付给别人，这个人是否真的知道怎么照顾宝宝呢？在妈妈上班期间，该在何时打电话询问宝宝的情况呢？

在与宝宝建立情感的过程中，妈妈受到的情感冲击最大。此时，妈妈还不了解宝宝发出的“讯号”，同样，宝宝也不熟悉妈妈的“讯号”。妈妈们常说，在这一学习过程中，她们感受到的不是通常意义上的惊讶，而是如履薄冰似的惊恐。

我还记得，刚开始当上妈妈那会儿，我经常感到一阵阵的恐慌。（小王子，6 周）

我曾接受过助产士培训，所以，我很熟悉怎么抱孩子，怎么给他们清洗。但是，记得我们刚从医院回家那会儿，我望着儿子，看着他可爱的小脸和小手——想到自己的责任，我有点想哭的感觉。助产士培训可没让我做好这样的准备。（小王子，6 周）

我还不适应那种感觉：“所有责任全在你一个身上。”我先生常问我：“我可以拿儿子换回以前的你吗？”（小王子，2

个月）

对于带孩子这样的责任，你无法提前做好准备。我从事的工作对责任心要求很高。以前，我每天工作的时间很长，很少有时间待在家里。而忽然之间，我整天都得待在家里，照看一个完全不能自理的“小人儿”，而且一切全都要靠我自己。（小公主，3 个月）

我和先生都还没缓过神来。宝宝对我们的生活影响如此之大，我们简直不能相信——我俩简直是筋疲力尽。我们还没适应这样的责任，你得 24 小时随时待命。相比之下，有了丈夫根本算不了什么，宝宝才是彻底改变了我的生活的那个人。（小公主，13 个月）

“责任”是妈妈们反复提到的关键词。妈妈会发现，带孩子就是在“做出回应”，她是在学着对宝宝做出回应。对于大多数人际关系而言，我们会使用语言进行回应。而要观察并且倾听宝宝发出的非言语“讯号”，妈妈似乎从未有过类似的经验。慢慢地，妈妈会发现事情越来越容易，可是在开始时，这对妈妈来说是一种全新的交流方式。

新手妈妈需要重新审视自己对宝宝的期待。宝宝已经不再是肚子里那个活泼好动、踢腿伸腰的“小家伙”了。宝宝出生后，妈妈就要试着去了解一个与自己不同的人了。

第一位妈妈：宝宝还在我肚子里的时候，我觉得我们几乎是一体的。我了解他的每一个举动，我太爱他了。但是，在他出生之后，他看我的眼神就好像根本不认识我，我觉得我也不认识他。当时，我觉得宝宝背叛了我。（小王子，3 周）

第二位妈妈：我的感觉完全不同。怀孕期间，我完全没把怀孕当一回事。有一次，我听到一个女孩说，怀孕之后，她工作时再也没法集中注意力，因为她太关注肚里的宝宝。当时我就想："我怎么没这种感觉？我将来会不会是个坏妈妈？我会不会不爱我的宝宝？"我不知道自己会是什么样子，但是宝宝出生之后，我非常爱他，无时无刻不在想着他。（小王子，6 周）

对于生活在"大家庭"的妈妈而言，家庭成员通常会帮忙照看孩子。有一些夫妻也会尽可能公平地承担起养育子女的责任。但是，在回归工作岗位之前，大多数妈妈都承担了繁重的育儿责任。

带孩子并不是例行公务

对于如何带孩子，市面上各种各样的书籍给出了不少建议。通常情况下，妈妈无法判断出两个观点截然相反的论点孰是孰非。双方似乎都很坚信，只有自己的观点才是"正确的"。

第一位妈妈：我希望有人能告诉我怎么做。我希望我有一张地图。我无所适从。带孩子并不是例行公事，我不知道什么时候该做什么，也不知道我做得对不对。（小王子，8 周）

第二位妈妈：假如你什么时间找到那张地图，拿来给我看看，可以吗？（小王子，8 周）

我是怎么当妈妈的呢？我一直在寻找榜样，但始终没找到。我的脑袋里老是有个声音在不停地告诉我：你做得不对。（小公主，4 个月）

怀孕之后，
我工作时再也没法集中注意力，因为我太关注肚里的宝宝。
我怎么没这种感觉？
……

对于“应不应该理会宝宝的哭泣”这个问题，我正在读两本书，它们的观点截然不同。我完全糊涂了。（小王子，5个月）

儿子在夜里睡得很不踏实。他喜欢我把他从床上抱起来，在房间里四处晃悠。之前大家告诉我，过了前三个月，宝宝在晚上带起来就容易多了。我一直在想，是不是我哪里做错了。（小王子，5个月）

我要写一本关于妈妈的书，把你从未听说过的事情全都写进去。比如，在儿子很小的时候，我动不动就会冲出门，跑到电话亭去打电话：“对不起，各位，我真的应付不过来，这太难了。”有时候，我还会觉得我熬不过去了。（小王子，7个月）

妈妈们的这种迷茫感并不新鲜，托尔斯泰对此也曾有过描述。在他1889年完成的小说《克莱采奏鸣曲》（*The Kreutzer Sonata*）中，主人公波兹内舍夫对妻子有这样的描述：

除了各种有关疾病及其治疗方式的讨论之外，各式各样的最佳喂养、教育方法也是不绝于耳，她被各种大相径庭而又变化多端的规则和规定包围着，有印刷品，也有口头经验。比如，孩子应该用这种方式来喂养；不，不应该那样，应该像这样。应该怎样给孩子穿衣服，应该给他们喝什么，应该怎样给他们洗澡，应该怎样让他们睡觉、带他们散步，怎样判断他们获得了足够的新鲜空气——对于以上问题，我们（或者她）每周都会发现新的规则，就好像宝宝都是昨天才出生似的。按他们的说法，如果你的喂养方式不对，洗澡方法错误或者时间不对，那么，宝宝就要生病，这全是妈妈的错，因为她没有做到她应该做的。

读了托尔斯泰的描述，我们会发现自己身处一个“专家们的世界”，我们大多数人都能意识到这一点。在一位新手妈妈看来，专家的观点比自己的想法重要得多，即便这些专家与自己和孩子素未谋面。如果宝宝的言行与专家们描述的“特定年龄的正常行为”不符，那么，妈妈一定会认为宝宝是“不正常的”。

专家们的做法并不是真的在帮助新手妈妈，相反，这可能会摧毁妈妈们的自信，而这种自信正是妈妈们所需要的，她们需要以此弄清楚宝宝到底需要什么。妈妈们需要的是一些育儿方面的实用信息，而不是无数块像砖头一样砸来的“规则”。对于妈妈来说，任何童年的记忆和经历都会有极大的帮助。当然，在孩子生病时，妈妈需要的是医药信息。除此之外，她真的不需要太多的信息，尽管在我们的专家为导向的观念之下，这样的做法有些不同寻常。

“迷茫”是一种正常的状态

假如妈妈感到迷茫，这也不是一个需要用各种书籍来解决的问题。每个女性在生宝宝时，都要学习一些新知识，一部分内容来自她自身的文化系统，但大部分内容来自宝宝。假如她真的自认为是专家的话，或者她的观念已经一成不变的话，那么她会发现，适应宝宝会是一件非常困难的事。即使有了第一次的生产经历之后，妈妈也不能以专家自居，用同样的方式对待不同的宝宝。每一个宝宝都有他的特别之处，都能让妈妈学到新的东西。为了能灵活应对各种情况，妈妈需要有不安的感觉。因此，“迷茫”是一种正常的感觉，即使它会让人警觉。对于妈妈来说，迷茫是一个很好的开端。透过这种迷茫的状态，她可以开始自己的学习之旅。

随着宝宝的到来，许许多多的问题如潮水般向新手妈妈涌来。对于大多数问题来说，妈妈心中完全没有答案。在妈妈还没有意识到自己正在做出决定之前，其实，这个过程已经开始了。比如，在医院的病房里，或许有人会推来一张婴儿床，建议妈妈把宝宝放进去。此时，她是将宝宝放进婴儿床，还是继续抱着他，这看似一个微不足道的决定，但是它的意义重大，因为下一次遇到类似问题时，她要么会重复现在的决定，要么会做出适当的改变。

通过这种方式，妈妈会建立起自己的育儿体系。她自己可能很难意识到这一点，尽管宝宝可能已经开始学着了解妈妈的想法。此时，她会感觉更加自信，一切事情也变得更加有序。但是，在这之前，注定会有一段困难的时期，一切看起来都是那么混乱，没有任何意义，也无法做出预判。在从迷茫走向自信的过程中，新手妈妈们通常会有起起伏伏的情绪变化。

妈妈们竟成功地活了下来，这真是一个奇迹！

自古以来，油画和相框所刻画出来的妈妈无一例外地带着一张平静的脸孔，她怀里的婴儿也一副平静的表情，永恒地望着远方，没有一丝一毫的自我怀疑。许多人都会觉得，一个迟疑不决的妈妈让人难以忍受。对于妈妈来说，遇事迟疑不决原本就让自己度日如年了。假如她觉得其他人对自己失去了信心，那么，情况会更加糟糕。这似乎是在宣告她的无能，证明她从孩子一出生起就没能做一个好妈妈。

其实，外人完全不必去告诉妈妈们该怎样做。这可能会让妈妈感到沮丧，也无助于她日后的学习。妈妈需要有足够的安全感，才不会惧怕焦虑的情绪。妈妈需要一些时间，与爸爸一起“变成”家长。她需要足够的信心来进行实验，不停地改变自己的想法。她必须确信，自己的某些观点是相当奏效的。这样，那些最焦虑、最不自信的新手妈妈慢慢地就会变成独一无二的妈妈。

在专家横行的环境下，妈妈们竟成功地活了下来，这真是一个奇迹。在孤独地度过了困惑期之后，她们突然发现，自己开始理解宝宝了。随着宝宝的成长，她们的信心也在与日俱增。

我在学着相信自己，而不是书本。毕竟，没有一个人比我更了解儿子。就连我，对他也不是完全了解。（小王子，5个月）

我不会遵守任何原则，按照别人说的来做，并不是什么好事。带孩子就是要找到一种平衡，你需要根据具体的时间和具体的宝宝来判断使用什么样的方法。（小王子，5个月）

最难的事，即使现在也仍然很难的，就是告诉自己我真的了解宝宝了。我是那种一遇到问题，就会急匆匆地去书上找答案的人。但是对于儿子，我真的很了解他。这很简单。他一哭，我就把他抱起来。通常，我们在一起时都很快乐。（小王子，6个月）

每次，当我对儿子说他“应该”做某事时，就会让这件事变得非常不愉快，这些所谓的“应该”都是从书上或者其他人口中学来的。这时，我会认为儿子做错了，并且我“失

去了”儿子。我这样做的时候，我就不会听他的任何回应。（小王子，6 个月）

过去，我就像是风中的一片树叶。我会读一些东西，然后想：“是的，我必须试一试。”之后，我又读到某些相反的观点，然后想：“是的，这才是正确的方式。”但现在我发现，我的情绪和我的阅读有关。我读得越多，就越痛苦。儿子并不是书中的那些宝宝。我不太相信自己能对儿子百依百顺。（小王子，14 个月）

在有了第二个孩子时，妈妈就会发现自己已经学到了不少育儿知识。

当你有了老二时，你才会意识到，你在带老大期间学到了太多的东西。我以为，我会像带老大时那么恐惧，但是事实上我完全没有。我在想：“等等！这件事你碰到过，你可以应付。”（小王子，2 岁；小公主，4 个月）

之前，我们提到过有一位想要用“地图”来指导自己育儿的妈妈。在有了第二个孩子之后，她这样说：

其实，根本就没有任何地图。我现在终于明白了。每个人的方法都是不同的。对于每个妈妈来说，很重要的一点就是，要按照自己的方式来做，其他人不要去指手画脚。我还记得那些评价我的人，那时我觉得是自己做得不对。（小王子，4 岁；小公主，6 个月）

当妈妈就是要去找适合自己的方式

在谈话中，妈妈们清晰地传递出了一个信息，那就是当妈妈感到疑惑不安时，她们轻易就会被“专家”的建议给吓到。听妈妈的谈话，你会感到她家里好像有三个人：她自己、宝宝和某个她想追随的“育儿专家”。的确，专业知识在一些特殊场合非常重要，但是在外界的压力下，妈妈会觉得，需要有人来告诉自己怎样安排每天的生活。有了小宝宝，每天的生活的确会非常紧张，但是这同样是个很好的学习机会。一旦妈妈们开始学习，她们就会感觉更加轻松。

我在商店看见一个妇女，抱着她刚出生的宝宝，那时我感觉非常开心，因为我已经度过了那个阶段。现在我真的很了解儿子，他是个可爱的“小人儿”。他已不再是个陌生人。(小王子，2个月)

当妈妈就是要去找适合自己的方式，但这并不符合我们的主流文化。我们的主流文化倡导的是安排和控制。（小王子，3个月）

刚开始，我感觉女儿好像是骨灰瓷做的——你懂的，就是太珍贵了，不能随便放下。头三个月，我就一直抱着他，似乎根本找不到一个好地方能把他放下。我现在已经摆脱了那种状态。但回想起来，真是好笑。我不知道那种感觉是什么时候消失的，也不知道这种感觉去哪里了。(小公主，5个月)

妈妈之所以感受到巨大的责任，部分原因是没有人能完全取代她的地位。无论是去工作，还是请人来带孩子，她都会时刻想着孩子。

我一直希望能有些属于自己的时间，于是就叫先生来带儿子。我开着车，一直到了马路的尽头，然后——太奇怪了——我跳下车，然后冲向电话亭给家里打电话。先生接了电话。我听不见儿子的哭声，于是我就惊恐地问他：“儿了呢？你在做什么？”先生很吃惊地说：“他乖乖地躺在我旁边啊。”

他乖乖地躺在我旁边啊。
儿子呢？你在做什么？

从他的语气中，我能听出，他觉得我把带孩子的难处太过夸大了。（小王子，2个月）

对于孩子来说，爸爸也承担了自身的责任，但是上述的两位家长（爸爸和妈妈）似乎都没有意识到，妈妈在承担责任方面有很大的不同。这位妈妈不仅仅只是在“照看”宝宝。即使她不宝宝身边时，她也会时刻心系宝宝。

这种状态会在各方面对妈妈产生影响。例如，当妈妈急着地照看孩子时，她会轻易忘记自己的需求。宝宝出生后的前几周会让人相当疲惫，妈妈经常得不到充足的睡眠，她也无法总是面带微笑，保持冷静。之后，更多恼人的情绪会接踵而来，妈妈会为此感到震惊。

有一次，我粗暴地把女儿抱了起来，我自己都吓了一大跳，因为我不知道我会那样做。我在想，我把所有的精力都给了女儿，连自己的想法都不清楚了。（小公主，3个月）

关注这些突发的情绪，将有助于妈妈们建立起安全感。下面，我们来听听两位妈妈的对话（她俩无论是单独相处，还是和我在一起，都感觉非常轻松）：

第一位妈妈：对于我将要说的话，我觉得很羞愧，这会让人觉得我是一个坏女人。以前我的脑袋中真的闪现过这些恐怖的画面，比如把儿子从窗户扔出去，或者把他的头按在浴缸里。我知道我有能力那样做。这些画面就像幻觉一样，以前我一直都有，直到最近，它们才消失了。我不知道为什么它们一下子就消失了。事实上，我也是才发觉，自己已经没有这些幻觉了。（小王子，5个月）

第二位妈妈：我能理解你说的那些幻觉。我以前也有。它会不会是一种警示，能帮助你提前做好准备，避免做出一些不该做的事呢？

我：你自己怎么看呢？

第二位妈妈：我觉得这就是一种准备。（小公主，5 个月）

我住在二楼。每天，我抱女儿下楼梯时，我都会产生一些可怕的想法，比如，要是我摔倒了会怎么样？（小公主，4 个月）

在我的幻觉里，女儿已经死了一千次了。（小公主，7 个月）

妈妈们讲述的这些噩梦和幻觉听起来像是她们在做“心理”准备，但大家很容易有其他解释。妈妈可能会认为自己真的想要伤害孩子。这样的言论可能会让人觉得，妈妈想要溺死孩子，正是她内心“无意识愿望”的真实表达。

新手妈妈所有的担心都是自然的

在意识到责任的同时，妈妈也会意识到自己强大的能力。当妈妈感觉孤立无助、严重缺乏睡眠时，要做出这样的决定就变得更难。在疲惫、烦躁的状态下，妈妈很可能会伤害自己的宝宝（要么不够关心，要么将自己恼怒和沮丧的情绪发泄到宝宝身上），当她意识到这一点时，她可能会时常感到害怕。妈妈们可能是在让自己做好准备，无论自己多么疲惫和烦躁，都得时刻警醒，绝对要确保宝宝的安全。

那迪亚和丹尼尔·斯特恩在对妈妈们进行了大量观察之后，也得到了以下结论：

大多数新手妈妈都很担心，怕自己的粗心或照顾不周会害死宝宝或让宝宝受到伤害。你是否从来没有担心过下面这些事？比如，当你不注意时，宝宝可能会从尿布台上倒立着摔下来；宝宝可能从你湿滑的手中掉下去，溺死在浴缸里；

当你把宝宝从浴盆里抱出来时，可能会撞到头；宝宝可能会被毯子裹住或被枕头压住而窒息身亡。

在讲述了另外几种新手妈妈们可能出现的担心之后，那迪亚和丹尼尔·斯特恩得出了这样的结论：

这些担心都是自然的，它们能让新手妈妈们时刻保持警觉，更好地去保护孩子。同时，它们能帮助妈妈们把担心藏在心底并承担新的责任。

许多疲惫的妈妈都会不由自主地想过要伤害自己的孩子，但实际上并不会做出任何伤害孩子的行为，得知这一点，妈妈们完全可以放心了。这些幻觉会让妈妈感到害怕。如果这些幻觉只是对妈妈的一种警告——只是警告而已——那么，妈妈就能更好地理解自我。另一方面，当有人告诉妈妈，她的害怕一定是在掩盖自己内心不由自主的想法时，这就像是给妈妈套上了难以挣脱的绳索。（妈妈越反抗，越会被说成是“不由自主”和“拒绝承认”自己破坏性的想法。）

但是，有一些妈妈确实经常与想要伤害宝宝的邪恶念头做斗争。她们的这些想法通常是有意识的。这让妈妈们不会做好保护宝宝的准备。有这种想法的妈妈会持续地感到害怕，害怕自己的思想和情绪会升级至失控状态。她们觉得自己有可能突然做出威胁到宝宝安全的事。要区分之前提到的那类妈妈（第一类妈妈）和这类妈妈（第二类妈妈），并不件容易的事。第一类妈妈会学着如何保护宝宝，慢慢地，她们会变得更加平和，而第二类妈妈不会去学习，而是一直处于焦虑不安的状态。当宝宝长大一些，可以开口说话时，这类妈妈有时会变得更加平静。

育儿是一个动态平衡的过程

随着宝宝的长大，妈妈也开始变得更加自信，至少她已经拥有了一些基本的育儿经验。根据我的经验，即使看起来最自信的妈妈也会随时对自己提出质疑。事实证明，对妈妈来说，宝宝出生后的头一年都会充满着无比的艰辛。

我朋友带孩子的方式和我完全不同。她不会理会宝宝的哭闹，但是儿子一哭，我心都绷紧了，我就会把他抱起来。现在我自信多了，所以朋友在场的时候，我不会为自己的做法进行辩解。但是她前脚一走，我就会立马把门关上，我会想，她是对的，我做的都是错的。（小王子，8 个月）

对于遇到的事，我总喜欢给女儿解释。之后，我妈妈给了我一本斯波克医生写的书。书上说，太多的解释会让孩子思维混乱，于是，我便开始关注我跟女儿说话的方式。我的做法会让女儿思维混乱吗？这太愚蠢了，因为我现在很不安，已经记不得我原来和女儿的说话方式了。（小公主，10 个月）

有些时候，我感觉非常自信。但是读到或听到一些东西时，我又会受到打击，我又会完全丧失信心。（小公主，12 个月）

妈妈们通常会幻想，有一天自己会获得完全的自信，可是，这可能永远无法实现。妈妈们会对自己提出质疑，是因为她们有时候会感到震惊，意识到自己对孩子可能还不够负责，否则，自我质疑会是一件难以忍受的事。一方面，孩子得依赖妈妈——但另一方面，他们也是完全独立的人。

你不用喋喋不休地去烦宝宝。我儿子喜欢安静，喜欢坐

着观察我家的猫咪。(小王子，4个月)

宝宝会让你知道他们的需求。你看着他们，他们就会告诉你。你不用事事都自己去琢磨。当我意识到这一点时，我发现我彻底解放了。(小王子，5个月)

根本不用你教，女儿对身边的事物随时充满好奇。你也不用刺激她或教她怎么玩，或去做其他什么事。她全都无师自通。(小公主，6个月)

我让儿子坐在秋千上，然后从后面推了他一会儿。然后，我转过来看他的脸，看看他是不是喜欢。在他可爱的小脸蛋上，我看到一副若有所思的样子。他在思考。我发现，他有自己的想法，尽管他还不会表达。所以，他一定是在用儿语和我沟通。他并不是我身体的延续，他就是他。我是这样认为的……坦白地讲，带儿子的第一年很不容易，但是一切都是值得的。我可能看到，他心智的发展就像一团小火苗一样，越烧越旺。(小王子，15个月)

看着宝宝变得越来越独立，妈妈们会重获信心。她们会发现，以前压在自己身上的全部责任，不过是一个动态平衡的过程，这些沉重的负担终会随着时间的流逝而消失。

第四章

时刻都会被宝宝打扰，妈妈该怎么做

为了孩子时刻准备着

这个话题是妈妈们要学会处理的最棘手的一个问题。妈妈在一天时间里至少做20次这样的事，但她可能却对此毫无察觉。被宝宝打断之前和之后，她或许会意识到自己在做什么的。但在两者之间的过程却是看不见的。

想象一下这个情景：

一个妈妈正在厨房做家务，她的小宝宝正在隔壁房间里酣睡。在厨房里，她手脚麻利地同时做着四件事：擦面板、做三明治、把收音机调至最低音量，这样的话，宝宝一哭她立刻就能听到，她也可以随时记下脑中一闪而过的购物清单，否则，在带着宝宝逛超市的时候，她怎么都想不起来。

在宝宝睡着的时候一次性完成四件事，这是妈妈们刚刚学会的一门全新的艺术。每一秒钟都不能浪费。直到从隔壁房间传来的宝宝的啼哭将这样的平静打破。妈妈必须停下手中正在擦拭的厨具表面。她会拿起匆忙叠好的三明治、关上收音机，告诉自己不要忘记刚刚想要加入购物清单里的商品名称。然后，她匆匆冲到宝宝的身边。

这是一种无以名状的行为，当一位母亲一听到宝宝的哭声就马上放下手头纷繁芜杂的个人事务时，这种无名的行为是值得我们用语言对其予以描述的。并不是所有母亲都会及时回应孩子的哭闹。有些母亲很讨厌在做事的时候被打断。有些母亲会做出回应，但却带着怒气，这时，孩子只能喜忧参半。但是，那些以更加大度的方式对孩子做出回应的母亲承认说，这样做是很考验妈妈的耐心的。正当妈妈工作到一

购物清单
奶粉　2包
纸尿裤　3袋
面巾纸……

半的时候，宝宝总是偏偏在这时醒来。

妈妈们有时会觉得无法掌控自己的生活。一位妈妈写信给我：“成为一个宝宝的妈妈，最奇怪的事是，宝贝才是那个发号施令的人。”但是，她的儿子还不具备发号施令的能力。哪个宝宝都没有这种能力。假如宝宝们真的具有这种能力，那么，他们的妈妈愿意随时被打扰的意愿就没有那么可贵了。谁会喜欢被打扰呢？那些对孩子的打扰做出回应的妈妈通常并不是担心自己的宝宝太性急。其实，大多数宝宝都是可以等一下让妈妈把手头的事情做完的。但是，亲子关系或许会受到影响。妈妈们知道，假如她们不能及时回应宝宝，那么，宝宝会感到痛苦。

每个妈妈都是随时做好准备的能手

在最开始的时候，孩子每一次哭闹都让妈妈觉得吃惊，渐渐地，即使孩子还没有开始哭，妈妈也能有所预感并做好准备。她们简直是24小时“随时待命”。妈妈在开始做一件事的时候，她已经知道，自己可能随时会被打断。尽管她对这一切仍然有些陌生，但突然而至的打断就如同关了电脑后却发现忘了保存文件。慢慢地，妈妈知道要花几秒钟的时间来“保存”之前所做的工作，不管她之前在做什么。这意味着，她要留心如何放下手中的一切，并且提醒自己接下来要做什么，只有这样，她才能以最小的麻烦重拾之前正在做的事。所有这些纷繁复杂的小线头将在后来被一一拾起。

在给孩子哺乳或哄睡的时候，她的大脑可以得到片刻的休息，这时，她可以思考以下如何为接下来重拾之前的工作而做准备。把事情做到一半就走开是带宝宝的妈妈未来的生活模式。只要宝宝需要，妈妈将不得不长时间地照顾宝宝，哪怕洗碗刚洗到一半，晚餐刚刚吃了几口。当她静静地坐在宝宝身边的时候，她的大脑仍然在天马行空地想着如何把之前中断了的事赶紧做完。其实，一件事时断时续地折腾上一整天是很令人心烦的。一旦宝宝进入深度睡眠，她之前在脑子里盘算的那些事情就马上可以重新开始做了。假如她还有精力的话，宝宝睡觉的这段时间会非常有效率。

尽管这种行为模式没有被命名，但至少已经有人在书中对此有过描述。美国独一无二的作家蒂莉·奥尔森（Tillie Olsen）对此有过描述，她认为，一位母亲想要写本小说，那将是一件无比困难的事：相比其他的人际关系，母子（母女）关系的内涵要丰富得多，为人之母就意味着你要不断地被宝宝打断，而且还要及时做出回应，不得敷衍。现在，孩子需要一个……事实上，这些都是宝宝真实的需求，妈妈觉得宝宝是属于自己的（这是出于爱，而非义务）；除了妈妈，任何人都无法为宝宝的这些需求负责，并把宝宝的需求永远置于首要的位置。

时刻“被需要”并非易事。正如蒂莉·奥尔森所说，母亲的角色是不可替代的。一个专业的幼儿看护也有休息的时候。母亲的角色与照顾病人的亲人有不少相似之处。但是，假如病人不是婴幼儿的话，照顾者通常可以轻松地安抚好他。一个成年人，即使是在生病的情况下，也能够很好地理解“马上就来”的含义。而一个年幼的宝宝则不同，他会一个劲儿地大哭，似乎妈妈再也不会回来了。

人类的适应能力是很强的，一些妈妈习惯了“随时待命”。她们发现，她们完全可以做出粗略的预测并制定出应急计划。渐渐地，接受随时被打扰就成了常态。然后，妈妈们发现，一次性完成一个任务并丝毫不拖泥带水，反而让自己更加难以接受。

妈妈甚至觉得自己已经变得愚蠢了，因为她已不能像以前那样长时间地专注于一件事。她的丈夫也会感到恼怒，当他试图深度剖析一个观点或向她讲述一个复杂的趣闻时，她却不断地走神儿。即使她的宝宝睡得很甜，她也会在干活的时候不由自主地停下来去看一看、听一听，确保宝宝一切正常。

宝宝哭的时候并不一定意味着他（她）身体不舒服

每个人真的都习惯于被如此频繁而突然地打扰吗？妈妈们会抱怨宝宝对自己的打扰吗？妈妈们在访谈中表示，在被打扰时，她们的第一反应是生气。而当她们看到宝宝因为哭泣而涨红的小脸时，心里又是怎么想的呢？面对孩子时，妈妈才知道自己多么被需要。宝宝痛苦的小脸使得这一切都有了答案。所以，妈妈被打断似乎是合情合理的。有些妈妈描述说，在这样的时刻，她们的心里充满着对孩子如河流般的爱意和柔情。这一切早已战胜了她们此前的那些不悦。这给了她们照顾宝宝的无尽能量，而再也不会觉得受到宝宝的控制而心生怨气。

慢慢地，宝宝长大了。妈妈发现，即使让宝宝等待一会儿，他也不会那么痛苦难耐了，这时，妈妈就可以快速完成手头的事情。几乎就是在不知不觉中，宝宝的哭声也不再那么急促了。到最后，宝宝的哭声就销声匿迹了。

母亲的这种快速的反应并非无关痛痒。这一定是人类得以绵延不绝的原因之一。我们的生命来自无数个勤劳的母亲，她们对我们那些婴儿时期的祖先随时发出的哭声做出了及时而准确的回应。小宝宝的健康随时会发生突然的变化，这时，他需要妈妈的陪伴。所以，她习惯性的快速反应是至关重要的，过去、现在和未来，始终如此。

但是，这并不是母亲的唯一价值。当宝宝哭着要妈妈的时候，他不见得就是病了。但是，妈妈的快速反应向孩子传递出的信号对母子关系是至关重要的。

我们每个人都经历过婴儿期，但要回忆起我们当时的感受却非常困难。曾几何时，我们也是这么幼小、稚嫩和无助。曾几何时，我们会大哭，因为我们的生命依赖于此。曾几何时，在子宫里，我们不会受到饥饿、强光、噪声、温度强烈变化的侵扰。分娩将我们带到了这个令人兴奋的世界，但同时也带来了诸多生理上的不适。我们感受到了饥饿的痛苦，也会突然被大风挟裹。外界的声音如此刺耳，已经没有羊水帮我们缓冲这一切。最重要的是，我们失去了子宫里熟悉的移动自由。出生之后，我们或许会挥舞我们的小手小脚，但是却没有了羊水，稀薄的空气也从我们的手脚溜走，再也没有外力帮助我们移动了。我们在耀眼的光线中醒来，这与子宫里斑驳的黑暗完全不同。光线明亮得让我们睁不开眼。我们甚至无法起身看一看四周的一切。在痛苦中，我们便开始放声大哭，不一会儿，妈妈就会来到我们的身边。

当妈妈来到我们身边，这意味着她在我们最脆弱的时候回应了我们的需要。这让我们感受到在子宫里从未有过的安心。

一哭就能得到关注的孩子长大后会更温和

其实，对于一个大哭的宝宝，几个人是可以轮流来照顾的。宝宝需要的人并非一定是妈妈。而假如是同一个人一直在照顾宝宝的话，这对孩子是非常有利的，尽管这并不现实。假如我们能想象一下自己生病住院的情形，那么，我们就能够更好地理解宝宝的需求了。假如我们完全依赖于照顾我们的护士，那么，当护士轮换的时候，我们就会感到不安。当我们好容易与一位护士和谐共处的时候，她却要与别人换班，这时，我们不得不动用有限的精力重新适应换班的新护士，与另一个人重建和谐关系。宝宝们的处境就是这样的。

对于妈妈来说，放下手中渴望已久的三明治、压下被打扰的不悦去照看宝宝，这是一个微不足道的举动，但它的影响却意义深远。宝宝从这个举动中得知，不管妈妈多忙，他都可以随时向她求助。通过这种重复，他渐渐学会了与母亲的互动。

起初，孩子的哭声让人心疼，仿佛已经忘记了一个小时前妈妈是多么快地来到他身边。几个月之后，他的哭声仍然十分响亮但却没有那么急促了，他的哭声更像是召唤妈妈的一声呼喊。这时，他似乎仍然希望妈妈马上赶过来，假如妈妈没有及时赶来，他会不高兴。但是，假如妈妈比平常晚了很久，他便会跌入到痛苦的深渊。他希望自己信赖的妈妈在自己大哭的时候能够赶来，否则，他就觉得遭到了背叛。假如妈妈只有偶或几次的回应延迟，那么，孩子似乎不会太介意。

有时，妈妈担心会“宠坏”孩子。她们担心，宝宝会通过“只是为了吸引注意”而操控妈妈，等宝宝长大之后，会让妈妈为自己的琐事而放下手头的事情。这种事情似乎不太可能出现。假如宝宝是为了获得关注而啼哭的话，他可能是真的需要关注。假如孩子长大后学会了操控大人，那一定是因为他未能通过直接的方式得到他想要的一切。此外，我们会发现，一哭就能得到关注的孩子长大后会更加温和，更能照顾别人的情绪。

并非所有的母亲都愿意随时被打扰。而那些不介意被随时打扰的母亲，也并非总是能及时回应孩子的需求。

在母亲们及时回应孩子的时候，自己却几乎从未意识到这一点。但我们可以更加关注这一绝妙的做法，并密切关注母亲们如何对此做出回应。

第五章

宝宝总是在哭，妈妈该怎么做

安慰不会让困难本身有所改变，却能让我们充满力量

人类安慰是我们能够给予彼此的最好的力量。宝宝哭泣的时候，许多妈妈都会给予安慰。但人们通常不会注意到这一点。一个爱哭的宝宝通常都有一个这样的妈妈，她会因为被孩子哭闹而获得外界的同情。她会被看作“不幸的”妈妈，因为宝宝太需要她。妈妈的新能力——安慰反倒被人们忽视了。尤其是新生儿，他们似乎只是活在当下。他们一哭起来，哭声急促得让人不敢耽搁一分一秒，也让人束手无策。我们每个人都可以“像婴儿那样”哭泣，但是无论我们哭得有多厉害，最终，我们都会回到成人的思维，并安静下来。可是，新生儿还没有发现这一点。

宝宝哭闹的急迫性具有强大的威力。这种做法有现实的好处。宝宝要有能力向妈妈发出警报，因为无论白天还是夜晚，他的生存都依赖于妈妈。假如我们的宝宝从来不哭，那么，我们谁能在一夜一夜的熟睡中醒来呢？只有这样，我们才会唤醒自己，想起我们是一位母亲，并时刻保持警醒。宝宝的哭泣要求我们必须有所行动。

假如妈妈相信孩子，她会把宝宝抱起来，紧紧地搂着他。假如妈妈不相信孩子，她会觉得这是宝宝需要训练的信号，从而与孩子保持距离。假如一位妈妈见到另一位妈妈的行事风格与自己相反而不把对方视为“无知”或“目光短浅”，那么，这对双方都有好处。这两位妈妈只是看法不同而已。

比起信任宝宝的妈妈，对宝宝进行训练的那种妈妈通常

收效更快。被训练的宝宝很快就会了解妈妈制定的那些金规铁律，这也意味着妈妈的生活更有规律、更易预测。这位妈妈会觉得，自己与一年前的自己大相径庭，但她的生活方式会回到以前的模式。相比之下，信任宝宝的这位妈妈则会觉得自己陷入了一片混乱。无论是白天还是黑夜，她的生活都完全变了样，一切似乎都难以预料。

求求你，不要再哭了！

在宝宝出生前，许多新手妈妈都从事着高强度的工作。这意味着在休产假前，许多妈妈都想向他人证明，自己是个强大、能干并且有竞争力的人。在大多数工作中，个人情绪会被看作是一种障碍。如果女性在工作中能将情绪撇开，那么，她会发现工作起来会更加容易。但是，一个啼哭的宝宝能在瞬间改变一个妈妈。他看起来很痛苦，哭声中充满着恐惧和无助。尽管要应付这个小家伙太难了，但却能让妈妈的心在瞬间被融化。在关心宝宝的同时，妈妈的内心也会非常痛苦，这会在妈妈身上有所体现。她的表情、手势以及声音都会越来越轻柔，越来越温和。她会变得非常警觉，内心对宝宝充满了同情。之后，她的同情心会向外延伸，首先她会注意到其他宝宝，然后是其他妈妈，最终，她会关注所有的弱势群体。

女儿哭的时候，完全就是一种痛苦的尖叫。我完全懵住了。我抱着她，自己也哭得稀里哗啦。（小公主，2 个月）

我在想："噢，求求你，不要再哭了。"但是，她就是停不下来。（小公主，2 个月）

第一位妈妈：在亲子课上，儿子哇哇大哭起来，我做啥都没法让他安静下来，我感觉很糟糕。我在想，妈妈们来这里上课，无非是想获得片刻的宁静和清静，但我的儿子把这一切给破坏了。（小王子，2 个月）

第二位妈妈：当时我在那里，我来告诉你我的感受。当时我也哭了，不是为你儿子，而是为你。我非常清楚你当时的感受。（小王子，3 个月）

我在电视上看到一个婴儿在哇哇大哭，要找自己的妈妈。我知道，他肯定是饿了。我发现，我的掌心开始冒汗，心开始扑通扑通地跳，乳房也火辣辣的，好像乳汁马上就要喷薄而出。在有儿子之前，这样的画面不会对我有任何触动。（小王子，3 个月）

并不是只有新手妈妈才有如此的同情心，宝宝的痛苦同样也会让那些有经验的妈妈烦躁不安。

小儿子与其他三个宝宝不同。他以前每个下午都会大哭，尤其是在哥哥姐姐放学回来之后。这真是太可怕了。即便我是个有经验的妈妈，我也感觉很糟糕。即便我现在坐在这里跟你们讲，宝宝哭的时候，我觉得简直是糟糕透顶了，但是我当时的真实感受，远比现在强烈多了。（小王子，4 个月；4 个孩子）

有着这样的感受，并不是因为妈妈缺乏对孩子的了解。从事过儿科医生、接生员、助产士或保姆这些职业的女性经常会说，自己有了孩子之后才发现，她们对孩子的了解程度和当妈时的感受并没有多大的联系。

我在一个育婴所工作了 6 年。之前我想：“你非常熟悉孩子，带孩子对你不会是什么难事，不会有问题的。”但是当了妈妈之后，我才发现，完全不是这回事。宝宝一哭，我的焦虑比以往任何时候都要强烈，我还没有做好任何准备。我完全就是个新手！（小公主，2 周）

在过去的两个月中，我已哭了无数次了。我曾做过保姆，在幼儿研究方面接受过专业教育，我还会为父母们提供咨询。我知道如何去解决大多数妈妈遇到的问题，但是当我有了自己的孩子，我发现情况完全不同了。（小王子，2 个月）

我以为自己可以应付女儿的哭闹，因为我能解决其他宝宝的哭闹。我是一名接生员，我非常熟悉这种情况。但女儿一哭，就好像打开了我后脑勺上的小开关，让我一直揪心不已。这太可怕了。我和先生都感到非常愧疚。我俩经常跟着她一起哭。我是经常哭，我确定先生也是。（小公主，9 个月）

妈妈们敏感脆弱，动不动就掉眼泪，这似乎很奇怪。有时，这会被认为“只是荷尔蒙在作怪”。妈妈可能会觉得自己似乎远离了世界。但整个世界都从母亲的这种敏感和怜悯心中受益匪浅。妈妈可能会发现，自己一直都在关注着外界的错误和不公。在有了宝宝之后，她的感受似乎会更加丰富。尽管妈妈说的话会让人感到不安，但是她饱含同情的声音听起来却无比温柔。

能否给予孩子安慰是妈妈的一种能力

刚开始时，宝宝一哭，妈妈就会感觉情况很紧急。她通常会把宝宝抱起来，然后给他喂奶，或急匆匆去准备奶瓶。宝宝的胃只有大约核桃那么大，但是大约 5 个月后，他的体重就会增加一倍。相反，成年人是“长大的人”，也就是说，他们不会再继续生长。作为成年人，我们早已记不清小时候自己饥饿时，是多么急切地想得到食物。在照顾小宝宝时，妈妈需要频繁地给他喂食，如果她没有同情心的话，一定会怒气冲天。的确，宝宝对于喂食的方式非常敏感。对于宝宝的基本需求，富有同情心的妈妈会用行为告诉宝宝：妈妈一直都会守护在你的身边。

有时，宝宝的哭声很大，很刺耳。很显然，这并不是饥饿的信号。听到这种声音，妈妈立马就会警觉起来。她会仔细地检查宝宝，很快就会发现各种迹象，比如发烧、面色苍白、全身无力、呼吸不正常或者眼神不集中。

还有一些时候，宝宝似乎会无缘无故地哭闹，既不是因为饥饿，也不是因为疼痛。此时，或许医生能让妈妈释然，告诉她孩子没病。周围的人会告诉妈妈，宝宝的哭闹是因为“腹痛”或者“心情烦躁”。宝宝可能会哭到精疲力竭，但却没人知道其中的原因。此时，妈妈应该做点什么呢？宝宝一直哭个不停，这会让妈妈烦躁不安。此时，她本应该在洗衣服和准备晚餐，但她什么也做不了。除了宝宝，她什么都不愿意想。

妈妈们很快就会发现，宝宝会对妈妈们的安慰做出回应。朱迪·杜恩在她的著作《痛苦与安慰》(*Distress and Comfort*)中曾这样写道：“在第二周，我们发现，比起拨浪鼓和圆球，人的声音能让宝宝更快地安静下来。”自古以来，就有妈妈能够安慰宝宝的相关记载。几个世纪以来，很多人都提到过，当成年人处于极其痛苦或经历磨难时，会情不自禁地哭喊着要妈妈的安慰。最近的社会研究也表明，女性的微笑和点头能让人感到平静，而如果男性做出同样的动作，则会让人感到不安。

可是，奇怪的是，很少有文献资料在探讨如何学着去安慰他人。当妈妈想在学习如何安慰他人时，没有人会给予她支持；而当妈妈真的能给予他人安慰时，也不会赢来喝彩。人们经常会问妈妈："宝宝现在还不能睡整觉吗？""你开始给他吃固体食物了吗？""他长牙了吗？"但是，似乎没人会问："你知道是什么让宝宝平静下来的吗？"其实，宝宝能一觉天亮，能消化固体食物，或长出牙齿，都和妈妈的育儿行为没什么关系。宝宝一天天地长大，自然就会经历这些阶段，但能否给予孩子安慰却是妈妈的一种能力。

儿子一哭，我就感觉很绝望

一开始，其实妈妈也不知道如何抚慰宝宝，这会让她感到不安。对妈妈来说，每个新生宝宝都是一个陌生人。如果家里有几个孩子，妈妈会发现，与每个孩子相处，她都得有一个适应过程。我曾经遇到过一位妈妈，她有一对双胞胎女儿，她回忆说，抱两个女儿的方法完全不一样的，"雷彻尔喜欢上下抖动，而格蕾丝则喜欢左右摇晃"。我遇到的另一位妈妈也说，她有一对双胞胎儿子，其中一个喜欢被子包裹的感觉，而另一个则喜欢四处走动。要弄清楚这些事，妈妈需要很长的时间。

我们来试想一下这样的场景，一个蹒跚学步的孩童在游乐场摔倒了，开始哇哇大哭。每个人都觉得，他需要妈妈的帮助，于是大家把小家伙抱起来，放到妈妈的怀中，此时，宝宝还在抽泣。他看起来很伤心，大滴大滴的热泪从涨得通红的小脸蛋上滚落下来。妈妈抱着他，轻轻地摇了一会儿，又轻轻抚摸着他的后背，小家伙开始放松，最终安静下来。妈妈问他："好点了吗？"然后又检查了一下他有没有受伤。宝宝的脸上开始露出微笑，过了一会儿，他的笑容会更加坚定灿烂，最后，他肯定地点了点头。之后，他又会离开妈妈的怀抱，一个人去玩。我们发现，只是在短短的几分钟内，宝宝的身上就发生了微妙的变化。妈妈到底做了什么呢？

很显然，这位妈妈对宝宝的安慰，早已不是第一次了。在整个过程中，妈妈和宝宝都需要依赖以往的经历。但是，如果你想象着让妈妈和宝宝的生活画面回到最初的状态，那时宝宝还只是个新生儿，那时的妈妈很可能还处在一种疑惑不安的状态，但对她来说，那是一段困难而重要的时期。在那段时期，宝宝也会哇哇大哭，感觉非常痛苦，但妈妈却不知道该如何是好。

女儿从晚上9点一直哭到深夜12点，她声音开始变得嘶哑，已经没有力气哭了。这太可怕了。我和先生感觉很无助，我们轮流抱着她，但我们俩都完全没有办法。（小公主，6周）

儿子一哭，我就感觉简直是没完没了，我感到很绝望。他不哭的时候，我知道他不会一直那么乖。但他一哭，我就感觉完全看不到未来。（小王子，4个月）

当妈妈看不到未来时，这是因为她完全专注于宝宝此刻的哭闹。活在当下，不想过去，也不考虑未来，一切都是原始和混乱的状态，这让人感觉难以接受，但是，正是如此，妈妈才会去"接触"哭泣的宝宝。这也是许多新手妈妈正在经历的事。慢慢地，她们就能够给予宝宝安慰，让他们平静下来。我亲眼见过一些妈妈安慰自己的孩子，她们使用到的方法堪称完美（比如，坐下给宝宝喂奶、摇动宝宝，带着宝宝有节奏地晃动、轻拍宝宝、抚摸宝宝、让宝宝听钥匙发出的响声、吹口哨、哼歌、重复叫宝宝的名字，等等）。与此同时，妈妈还在和其他妈妈继续说话——她们完全没意识到，自己正在做一件很了不起的事。

把宝宝的痛苦看作是合理的

妈妈在给予宝宝安慰时，并不只是想要改变宝宝的行为。对于宝宝的痛苦，妈妈会感同身受，并且希望能给予帮助。妈妈会怀着一颗同情心去寻找帮助宝宝的方法，为宝宝重新找回力量。

面对哭泣的孩子，妈妈的第一反应就是，宝宝此刻很痛苦，需要妈妈的帮助。她会立即放下手上的事，专注地照看宝宝，这本身就是一种高超的技艺。有了孩子之后，妈妈很快就会学会同时干好几件事，她的改变是巨大的。而此时，她所有的注意力都在宝宝身上。

在安慰宝宝的过程中，非常重要的一步就是要判断事情的严重程度。宝宝没法自己做出判断。如果我们回忆一下自己的童年，可能会发现这样的经历：在我们眼中，膝盖上一处小小的擦伤就好像是一次大灾难。但是妈妈会非常冷静地告诉我们，膝盖上的小擦伤太正常不过了。宝宝似乎能够记住妈妈的这种暗示。妈妈的判断能够“控制”整个事态。即便是那些情绪容易激动的妈妈，她们通常也能平心静气地做出判断。这个判断也能让妈妈平静下来，并让她安心。

之后，外界的一切似乎都消失了，只剩下妈妈和悲伤的宝宝。妈妈可以很容易体会到他的痛苦，但她似乎愿意让宝宝像自己那样平静。她并不是通过保持安静或沉默来做到这一点的。古希腊哲学家柏拉图对此也感到非常迷惑：妈妈们想要让宝宝平静下来，但她们并不是让宝宝“保持安静，而是运动，因为她们不停地晃动着怀中的宝宝；她们并不是沉默不语，而是低声吟唱”。如今，妈妈仍然延续着这样的做法，这真是太有趣了。首先，妈妈自己需要进入一个更加平静的状态，然后才能帮助宝宝摆脱恐慌。

安慰他人的最后一个阶段似乎就是要把目光重新投向外部的世界，妈妈需要帮助宝宝从安全的二人世界回到原来那个令人心烦的世界，但此时的宝宝，内心已变得更加强大。妈妈的抚慰可能并没有解决实质性问题，也没有让宝宝停止哭泣，但是妈妈知道，此刻警报已经解除。她可能会说：“你不开心了。”“真抱歉，你刚才被吓到了。”或者“想吃点奶吗？”这样的话会把宝宝带回正常的生活，抚慰也在此刻结束了。

妈妈的抚慰还有一个重要的作用，这取决于她如何把宝宝的痛苦看作是合理的。这样，她就会尊重宝宝。妈妈可能不清楚宝宝为什么哭，但是她信任宝宝。她不会否认宝宝的不安，也不会为了自己内心的平静而去消除那些“毫无意义的噪音”。她会真心为宝宝感到难过，并希望能够帮助他。

刚开始，儿子一哭，我就会想：“到底怎么了？到底怎么了？”我给已经给他喂过奶了，也给他换过尿布了。他很可能是头疼或者肚子疼，但这太难应付了，你没法缓解他的不适。你能做的，就只能是轻轻地摇晃他，希望这一切都能快快过

去。（小王子，4周）

周围的人会说："你儿子的脾气真不好。"但他之所以哭闹，肯定是有原因的。（小王子，4个月）

一个朋友来看我，我向她道歉，因为那天女儿心情很不好。通常，女儿和我一起都很开心。过了一会儿，我想："我为什么要道歉呢？为什么女儿就应该开开心心，总是笑脸相迎呢？我不能这样去要求她。无论她是什么样子，我都接受。"（小公主，7个月）

你爱的怀抱一定会给宝宝带来安慰和安全感

有一位妈妈曾经告诉我："宝宝哭的目的，就是要'让我'把他抱起来。"我问她是不是还有其他办法。她摸着宝宝的头，充满感情地说道：

他一哭，我就没有任何办法，只得把他抱起来。不，不是这样。我确实还有其他选择。我可以把他交给育婴所，或者任由他哭闹。但是我觉得这就像买保险一样，你不能中断，不能用往年的保险来代替今年的。我想，儿子以后在生活肯定会经历一些磨难。我在想，如果他一开始能找到安全感的话，那么他就能非常快乐、坚强去应对以后遇到的各种困难。（小王子，7个月）

国际母乳协会出版的《女性的哺乳艺术》（*The Womanly Art of Breastfeeding*）一书中有这样一句暖心的话："如果你的宝宝紧张不安，我们给妈妈的建议是：不要对宝宝的哭闹置之不理。你爱的怀抱一定会给宝宝带来安慰和安全感，这样的做法绝不会是白费力气。爱会产生爱。"

在前几周不断的尝试和犯错之后，妈妈和宝宝通常就会迎来充满阳光的日子。一切都不再陌生。这时你很难再想到，妈妈曾经历过一段困惑不安、动不动就掉眼泪的日子。

女儿在晚上仍然会醒来，并不停地尖叫，很显然，她是因为疼痛，但是现在我知道，我们给她安慰。我把她放在吊袋里，背着她走上走下，然后她就好了。（小公主，3个月）

她在不耐烦地哭闹，噘着下嘴唇。有时，她哭闹是想要吃的。有时是想让你抱她，有时是觉得无聊。现在，我慢慢地弄懂了。（小公主，3个月）

我看到过这样一位妈妈，她把哭闹的女儿放在她面前的一张地垫上，然后说：我可不想你这样。我感觉我应该去抱抱她，给她喂奶。但是，小家伙确实喜欢自己一个人躺着。瞧，不是吗？她很快就安静下来了。（小公主，3个月）（我当时还计时了，不到3分钟，小家伙就不哭了，露出了微笑。）

头三个月，女儿老是哭。以前她哭闹起来可以现在难应付多了。我常常一站就是几个小时，抱着她晃来晃去。即使现在她没在我跟前，我发现自己有时站着的时候，也会晃来晃去。（小公主，4个月）

现在女儿一哭，我就是知道是怎么回事。通常，她想做什么事的时候，如果你不按着她的意思去做，她就会生气。如果我太慢了，也是一样的。（小公主，5个月）

我明白了，有时候得让儿子自个儿哭一会儿。有时，成年人从办公室回到家，也只想好好地放松一下。哭泣就是儿子放松的方式。（小王子，6个月）

有一次，儿子哭的时候，什么方法都没法让他平静下来。

我在想："如果他不能平静下来，我该怎么办？"那个时候，我真的很恐慌。现在，我真的很懂他了，这对我来说太重要了，我知道该怎么做了。（小王子，6个月）

一旦妈妈开始能"读懂"宝宝，她就会更加轻松。母子之间的相处也会变得更加容易。妈妈们再不用像以前那样，一听到宝宝的哭声，立马就感觉惊慌失措了。

我变得越来越强大。今天女儿哭的时候，我心想："给我闭嘴！我知道你可以等等。"（小公主，4个月）

我们会发现，妈妈们可能非常享受与宝宝在一起的轻松时光，但有一点我们不要忘了，妈妈们都曾经历过困惑不安的阶段。我们大多数人都会低估妈妈在安慰孩子时所做的工作。一位妈妈曾这样说道：

女儿很安静。她会一个人玩，很少会关注我在不在。她知道我就在附近。大家说她天性很安静，但是我不那样认为。这不是天性的问题，这是你努力的成果。（小公主，11个月）

过了一岁之后，宝宝需要妈妈安慰的时候会越来越少，只限于一些比较严重的情况。当孩子受伤或者生病时，妈妈经常会意识到，她有越来越多的方式来安慰他。

有天晚上，女儿生病了。我尝试了所有方法，但是好像都不起作用。最后，我就只能抱着她。在不同的时刻，用不同的方式抱她，这似乎可以让她平静下来。（小公主，14个月）

我小时候就像是个被遗弃的孤儿

尽管安慰宝宝的行为与妈妈们有如此紧密的联系，但是并不是所有的妈妈都会给予孩子安慰。一些妈妈有着不同的育儿理念，她们认为，抚慰宝宝会毁掉孩子的一生，那些安慰孩子的妈妈们也是在“自讨苦吃”。看到别的妈妈安慰孩子，她们会很生气，而且她们并不隐藏自己的愤怒。那些会给予宝宝安慰的妈妈们会发现，自己身边有许多持反对意见的朋友和亲戚，他们认为宝宝需要“驯化”，并提出各种各样的建议。

如果儿子一直哭闹不止，大家就会给你各种各样的建议。噢，你应该这样做，你应该那样做。但是我不会。我不会像他们说的那样做，对宝宝的哭闹置之不理。儿子的声音听起来很可怜，要叫我不理他，我做不到。（小王子，4 周）

我们一家人在吃饭时，如果女儿哭了，我先生的家人（这位妈妈和他们住在一起）总是会说：“你先吃完你的饭，再去管她。”这让我心里很恼火。（小公主，2 个月）

周围的人会告诉你，宝宝哭的时候，不要去理他。但是要等多久呢？当我刷牙的时候，儿子虽然只哭了几秒，但听起来好像持续了一个小时。他似乎想让我一直抱着他。和他在一起，我连拉个拉链的时间都没有，但是他哭的时候，我不想不理他。（小王子，3 个月）

女儿哭的时候，我妈跟我讲，不要把她抱起来。但我还是这样做了，这是我一贯的做法。我认为，这是在满足女儿的需求。当我把她抱起来的时候，我妈会说：“你看看她的脸！”我一看，女儿已经不哭了，还面带微笑。对于我来说，这是幸福的微笑，因为她知道我满足了她的需求。但是，我看得出，我妈把女儿的微笑看作是一种胜利。在她眼中，女儿又成功让我满足了她的意愿。（小公主，8 个月）

你先吃完你的饭，
再去管她吧

有时，妈妈们意识到，自己小的时候很少得到抚慰，这会让她们更加坚定自己的信念，一定要给予宝宝应有的安慰。

我妈总是对我说："让她哭！这对她没什么坏处。"但是我受不了女儿的哭声。我在想："我小时候，我妈一定是这样对我的，她就让我自个儿哭，我感觉……"（她做了个动作，像是喉咙被噎住的感觉）（小公主，5 周）

有天晚上，儿子不停地尖叫。他不想吃东西，也不想睡觉。我想，他并不是想得什么实质的东西，而是妈妈的安慰。这太可怕了。在我很小的时候，我妈妈就去世了。我觉得这对我来说太难了，老是有个人需要你的帮助。（小王子，3 个月）

我感觉，我小时候就像是个被遗弃的孤儿，我的意思并不是说我真的被遗弃了。晚上，我妈经常把我扔到床上，然后就不管我了。我想，我只是哭了一小会儿，然后就放弃了。我不太确定是不是这样。我感觉就是这样的，但是我妈记不清了。只是我的内心到现在都有一种被遗弃的感觉。（小王子，4 个月）

儿子一哭，我就会非常生气，我没法应付。我知道，小时候我哭的时候，也没人理我。当我想走开，远离儿子时，心里就会充满愤怒。我感觉很无助。（小王子，6 个月）

也许，那些有着痛苦回忆的妈妈会有更多理由来谈论她们的过去，因为很少有妈妈会提起她们快乐的记忆。只有一位妈妈曾向我描述过她快乐的回忆。

这位妈妈告诉我，她两个月的宝宝从来都不会哭闹。听到这样的话，我感到很吃惊。在一次聚会上，我注意到，她儿子哭了好几次。这个小家伙一只脚有残疾，这一直困扰着他。他只要一哭，妈妈马上就会安慰他。之后，我问这位妈妈为什么说儿子从不哭闹呢，她回答说："我几乎不会注意到那种哭闹，因为它'毫无意义'。"这位妈妈在家里排行老七，是最小的一个。她告诉我："小时候，我伤心时，哥哥姐姐马上就会来哄我。他们也常常故意把我弄哭，然后看谁能在最短的时间内把我逗笑！"她在回忆往事时，显得很开心，我认为，她是从过去的经历中找到了自信，认为自己一定能给儿子带来内心的平静。

一些妈妈会把自己处理宝宝哭闹的方式和小时候家长对待她们的方式联系起来。一旦她们建立了这种联系，这些妈妈就会明白，为什么自己的反应会如此强烈。认清自己会使妈妈们变得更加平和，这样她们才能更好地照顾宝宝。

女儿哭闹的时候，我想把她扔出去

大约在 50 年前，妈妈从书上得到的建议是，照看孩子时，要将个人情绪搁在一边。但是在今天，专家们却鼓励妈妈们要考虑自己的情绪。这是一种基于心理治疗和咨询而得出的新方法。它造成的结果之一就是，对于 50 年前妈妈们不敢思考，更不敢向其他妈妈说出来的那些不良情绪，现在的妈妈能够更加坦诚地面对它们。然而，从妈妈们的描述中，我们可以清晰地看到，她们在认识到这些情绪之后，并不会有什么不良后果，而是会觉得自己有能力做出回应。

女儿一哭，我就没法忍受，我就开始想，我一定是哪里做错了。我确定，她感受到我的紧张，于是哭得更伤心了。所以，我就坐下来，和自己说说话，尽量让自己放松下来。（小公主，8 周）

我感觉自己是个没有尽责的妈妈。我感觉自己要承受的东西太多了。我躺在地板上，像一个3岁小孩那样耍起了脾气。我用拳头狠狠地捶打着地板，这大约持续了50秒。此时，先生和儿子在另一个房间。之后，我又有勇力去照顾儿子了。(小王子，3个月)

有天晚上，儿子哇哇大哭，我不知道该怎么办。先生在隔壁房间睡得很熟，完全没听到儿子的哭声。我做什么都没法让儿子平静下来。我感到相当无助。我很担心，我会做出什么傻事。所以我放下儿子，跑到卫生间痛快地大哭了一场。之后，我感觉我能更好地应付了。(小王子，6个月)

女儿哭，我也跟着哭，我感到筋疲力尽。我把她放在小床上，关上了门。然后，我去了厨房，关上门，把一个旧盘子搞得粉碎。这个盘子我摔了5次，因为老是摔不碎。在那之后，我感觉好多了。之前，我很害怕自己会对女儿做出什么糟糕的事情。(小公主，6个月)

对妈妈来说，将自己的孤独告诉他人，会让内心得到安慰。每位妈妈在分享自己的故事时，都能得到大家的理解，这让她们感觉很温暖。自此之后，妈妈就能获得更大的力量，去面对遇到的困难。此时，妈妈已经感受到了抚慰的神奇力量，自己的内心也得到了宽慰。

然而，根据某些妈妈的描述，我们会觉得她们在面对哭泣的宝宝时，做法简直令人难以理解。在那些情况下，妈妈似乎已经对宝宝完全没有了同情。她们会感到空虚乏味、心力交瘁，有时候内心还会充满愤怒和憎恨。虽然她们曾经以为自己深爱着孩子，但此刻却有想要伤害宝宝的冲动。处于这种状态的妈妈很难相信，自己对孩子竟会有这样的负面情绪。这看起来很不理智，妈妈们也会感觉自己失控了，快要疯掉了。对于许多妈妈来说，如果宝宝长时间哭闹的话，她们都有可能会感受到这样的情绪。在摆脱这种情绪之后，她们的心里会充满感激，因为这的确不是一种让人舒服的状态。

我以为女性都不会谈论当妈的真实状况。之前，我对自己没有太多的认识。有时候，女儿哭闹的时候，我就想把她扔出去，扔到阳台外面去。但是……但是……那只是我的一面而已。仅仅是一个部分。（小公主，5个月）

许多妈妈都会提到类似的情况。一些作家称，所有的妈妈，如果足够诚实的话，都会承认有过这样的情绪。对于所有的妈妈而言，情况并非都是一模一样的。有些妈妈可能会一直饱受矛盾情绪的困扰，而有些妈妈可能并不会有这样的情绪，一刻也不会有。

宝宝之所以哭闹，一定有他的原因

充满着矛盾情绪的妈妈通常会觉得，宝宝的哭声严重影响了自己。她感觉完全被宝宝强烈的哭声给控制住了。起初，她觉得应该尽力去满足宝宝，同时，她也会用一种特殊的方式去感受宝宝的啼哭。她听到的是宝宝对自己的否定和批评。宝宝的哭声中充满着绝望，听起来像是一种控诉，一种对她的攻击。此时，她对宝宝也会有更多的期望，但这些都是宝宝无法做到的。通常，宝宝都没法自己停止哭泣，回归平静。

这样的情况会造成恶性循环，妈妈们会发现，自己很难摆脱这种状态。因为妈妈感觉宝宝的哭声是一种控诉，所以她的注意力会全部集中在宝宝身上，而不会关注自己。她到底哪里做错了呢?宝宝是因为什么在指责她呢?带着这些问题，妈妈发现很难调整自己情绪，专心地去安慰宝宝。

不难理解，此时，妈妈的自信心会受到打击。她会花大力气去纠正自己的错误，想让宝宝安静下来。但是，因为她没有对宝宝给予足够的关注，所以她不会发现宝宝的喜好。她所有的努力都用错了地方。之后，如果宝宝始终不能平静下来，那么在妈妈看来，这似乎“证明”了她之前的想法:她的确是一个没用的妈妈。她感觉自己受到了排斥和伤害，内心充满着迷惑。她花了如此大的力气来安慰宝宝，但是直到现在，宝宝对她仍然不满意。宝宝是想要她更多地付出吗?宝宝真的是那么贪得无厌、无法满足吗?他真是个十足的怪物。此时，妈妈感觉自己很受伤，在与宝宝的较量中，根本不可能获胜。如果她不管宝宝，那么她当然是个失败的妈妈，其他人也会把她看作是个失败者。但是如果她继续关注宝宝，那么她的精力会被宝宝无休止的“需求”完全耗尽。她将一无所有。对她来说，任何一种方式都是死路一条。

这时，妈妈很可能对宝宝大发雷霆。她完全不会想到，宝宝之所以哭闹，一定有他的原因。她也不会想到，如果自己如果更好地去了解宝宝，完全可以让宝宝平静下来。此时，她的注意力全在自己身上，完全不会理会宝宝。此刻，她没法把自己一个人关到厕所，大哭一顿，没法摔盘子，也没法找回自己的定位。对于自己到底是谁，她很不确定，感觉自己的身份受到了威胁。她感觉自己陷入了困境，认为要想让宝宝开心，就必须不停地满足他的需求，直到自己精疲力竭。如果宝宝继续哭闹，她会认为自己必须继续要更加努力地付出。在她的眼中，这就是一个“好”妈妈需要做的，这让她非常愤怒。

现在，宝宝看起来就像是一个无情的主人，而妈妈就是奴隶。她感觉自己没有力量，也没有权利。她越是觉得自己受制于宝宝，就越会频繁地迁怒于宝宝。她已经不清楚自己的作用，也不知道她日常的责任。比如，当宝宝哭泣的时候，她可能会急匆匆地抱起宝宝，但是宝宝其实并不想让她这样做。同样，她也很难意识到这一点：当她在不停地忙前忙后，想方设法安慰宝宝时，即便在某些方面她不愿去满足宝宝的要求，她也绝对不是一个“坏妈妈”。

一些妈妈发现，坦然地承认自己拥有矛盾的情绪，而不是奋力地去摆脱这种情绪，这对自己是有好处的。这样，她们就能更加地平和，能更好地照看孩子。有些妈妈找到了跳出这种情绪怪圈的方式。一位妈妈发现，她妈妈对她的帮助相当大，让她找到了一种处理这些不良情绪的好办法：

以前，宝宝不睡觉的时候，我经常抱着他在楼梯上走上走下，每天如此，他就不停地哭啊，哭啊。最后，我回到我妈妈的家。我感觉，我已经不爱儿子了。我妈把儿子抱起来，我观察到了她抱儿子的方式。我可以看出，儿子的哭声打动了她，她的感受和我的完全不一样。我在想：“哦，我也可以那样做的。”那天晚上，儿子躺在小床上，我真想把他抱起来，搂在自己的怀里。我又爱上他了。（小王子，6 个月）

另一位妈妈发现，看着宝宝就能帮助他渡过困境。

我没有什么耐心，我一直都很害怕，怕我会变成一个会打孩子的妈妈。但是现在我发觉，当我遇到不开心的事时，我们的关系反而更加紧密了。我望着女儿的眼睛，看到里面还有另一个人的存在，于是我知道，我们俩是一体的。（小公

主，8周）

女儿一直在哭，但这并不是她的错

如果宝宝经常哭，那确实很难应付。一些研究者认为，妈妈要能应付宝宝的哭泣，这一点很关键。他们声称，如果妈妈不能让宝宝平静下来，那么她会感觉自己是个无能的妈妈。有两位美国的心理学家曾这样写道："我们认为，如果妈妈不能成功地控制宝宝的哭闹，那么，她们接下来一定会感到非常无助。"如果幸运的话，这些妈妈会得到他人的同情。但是事实上，她们应该得到的不仅仅是大家的同情，而是敬佩。

举一个例子，有这样一位妈妈，她女儿整天都哭，天天如此（但幸运的是，晚上她会睡觉），这种状况持续了几乎3个月。我记得，每次我打电话给她，无论白天什么时候，她只要一接电话，我就能听到宝宝的哭声。不管是那时，还是这种状态结束后，这位妈妈都非常坦白地告诉我，她那时非常绝望。但是，她从来没有提到过自己对女儿的愤怒。有一天，我在聚会时带来了两本书，书的主题是哭泣的宝宝。我问她这两本书怎么样，她是这样回答我的：

对我来说，这两本书的封面看起来冷冰冰的。我根本不想把它们拿起来，也不想打开。大家认为，宝宝只是人们刚刚创造出来的一个小物件，但是面对他们哭泣的时候，我们似乎没有任何解决办法。医生们已经可以做心脏移植，但是却没办法解决婴儿腹痛。这就是令我愤怒的原因。当时，我女儿一直在哭，但这并不是她的错。我知道，她也很想像其他人一样，能马上停止哭泣。以前，我会尽力不把我的沮丧发泄到她的身上。我常常背着她，呆呆地望着墙或者门，在那个时刻，我非常绝望。（小公主，4 个月）

某些人可能会说，妈妈会掩盖自己内心的矛盾情绪，并且对此毫无意识。这也有可能，但是并不是一切事情都能掩盖。对于之前那位觉得受到了宝宝指责的妈妈来说，我们可能很难发现她情绪的循环变化。但是，我们可以看到，这位妈妈的感觉明显不同。就和前一位妈妈一样，她能把自己的女儿看作是个“小人儿”。即使她不知道宝宝为什么会哭，但是她认为宝宝没别的办法，“只有哭”。她既不会因此责怪自己，也不责怪女儿。她把自己看作是一位初学者。

从逻辑上讲，这位妈妈生气的对象是那些有育儿经验的人，因为他们不能给予她任何帮助——不仅包括那两本书的作者（书的主题是关于宝宝的啼哭的，但封面让人感觉冷冰冰的），也包括医生（他们没有对宝宝的啼哭进行充分的研究）。她同样意识到，宝宝很容易成为自己沮丧情绪的受害者，为此她找了　种转移自己情绪的方法。

这位妈妈抱女儿以及和女儿说话的方式看起来非常温柔，让人觉得很舒心。她的行为也唤起了其他妈妈强烈的同情心。一位妈妈曾私下对我讲：“这一周，我一直都在想着这位妈妈和她哭闹的女儿。”（小公主，11 个月）（所以，当这位妈妈带着已经不再哭闹的女儿前来参加聚会时，得到了其他妈妈广泛的赞许和安慰。）

这两本书怎么样?
对我来说，
这两本书的封面
看起来冷冰冰的
……

我们能够得到他人的安慰，同时也能给予他人安慰

并不是所有人都会期待他人的安慰。假如有的人一直接受的教育是要体贴别人，不要用自己的麻烦事“拖累”他人，那么，当他们感到不开心的时候，就会抽身而退。他们一个人的时候会觉得更加安全，就如那句谚语说的，他们可以“舔自己的伤口”来安慰自己。同样，人们也能从一些事物中找到安慰，比如喝酒、吃东西、抽烟、吸毒、玩电脑游戏或其他一些个人活动。这些事通常都可以反复做，而且会让人上瘾。在这种情况下，人们失去了各种可能的人际交往。

得到抚慰的宝宝看起来异常兴奋。他还很幼小，没有人会教会他如何体谅别人。所以，他会小题大做，然后得到妈妈的抚慰，并且把它视如珍宝。慢慢地，他会越来越依赖妈妈的抚慰。对宝宝来说，这是一次巨大的转变。出生之前，宝宝要在妈妈的子宫里待上长达 9 个月的时间，他可能已经学会了如何在羊水中熟练地翻身，却不料脐带会突然缠住他的脖子，没有人来帮忙解开。他可能在子宫内发现了一处非常有趣的凹槽，却不料他的头会被死死地卡住，不能移动。此时，没有人会来帮忙，也没有人会给他打气，让他重新充满力量。宝宝知道，他必须依靠自己。新生儿都带有一种自我满足的眼神。他们学会信任妈妈，一定是经历了巨大的思维转变。

出生后，宝宝通常要花上好几个月的时间，才会建立起对妈妈的信任，并坚信妈妈一定会来安慰自己。慢慢地，妈

妈和宝宝都会对自身做出调整来适应对方。妈妈会了解宝宝到底喜欢哪种抚慰方式，而宝宝则会期待着得到妈妈们的各种抚慰。妈妈能从宝宝的哭声中判断出宝宝的需求。这样，母子间的信任不断发展，一直延续到宝宝的童年阶段。对于刚会走路的孩子来说，即便他的膝盖上还有明显的瘀青，但是他会记得妈妈已经安慰过他了。即使是大孩子，在遭遇严重伤痛时，也会转而寻求妈妈熟悉的声音、妈妈的抚触以及妈妈的气味，似乎这些东西都具有神奇的力量。

但这并不是说，妈妈在任何时候都会安慰自己的孩子。大多数妈妈都非常关注自己的失败经历，当时她们可能不在现场，也可能是在场，但没有意识到孩子的痛苦。她们会表现得很不耐烦，但是事后，当弄清楚事情的真相后，她们又会感到懊恼，真希望自己当时能好好地安慰宝宝。没有哪个妈妈是完美的，但是，由于抚慰行为与妈妈之间的紧密联系，我们可以断定，生活中会有足够多的妈妈去抚慰宝宝，宝宝们也一定能从妈妈那里得到足够的安慰。得到抚慰的宝宝会从妈妈那里学到应对痛苦的方法。这样一来，宝宝将来就能更加坚强地去面对痛苦。

英语中有这样一句谚语："孩子肯定使人操心，但不一定带来安慰。"这种警告可能会让我们懂得，带孩子，并不一场默认的单边交易，我们不能期望从孩子那里获得相应的回报。但是，生活中，确实有一些宝宝会安慰自己的父母。但是，据一些妈妈说（她们平时会安慰宝宝），宝宝们在安慰他人时，确实会有自己的方式。

我和女儿去看望我的老师，不巧碰上她的丈夫正好在和她谈判，要求离婚。整个房间的气氛很紧张，就好像是死了人一样。这个时候，女儿太棒了。她不停地伸手去摸大家，还冲着大家笑，大家也只有微笑着回应她。我老师的孩子要比女儿大一些。这次，女儿完全改变了房间里的气氛。每个人都说，很喜欢女儿。我在想女儿肯定是尽最大努力了。第二天，我发现她太累了，睡了大半天。她确实尽力了。（小公主，7 个月）

我告诉儿子，我想和他谈谈。我说："今天，我今天打你手了，我错了，对不起，有时我会犯错，让你难受了。"我这样说，是为了安慰自己，并没有想到儿子会理解。但是，儿子突然跪着直起身来，在我的嘴上亲了一口，好像在说："我听到你说的话了，可以了，不用担心。"（小王子，12 个月）

儿子患了百日咳，情况并不是很严重，但是每晚都要醒来很多次，所以我几乎也不能睡觉。有一天，我坐那里，用手托着头，眼泪哗哗地流，这时儿子走了过来，把他的头靠在我的大腿上，好像在说："我知道你的感受。"（小王子，13 个月）

女儿经常会安慰我，就像我经常安慰她一样。当我生气时，她会轻轻拍打我的后背，因为每次她因为肚子胀气而哇哇大哭时，我常这样拍她。真是太可爱了。（小公主，22 个月）

在大人眼中，宝宝可能还小，但是他温暖的举动确实能给人带来安慰。我们不能把宝宝的安慰看作是一种想到讨好大人的权宜之计。他并不会计算自己的回报，只是礼尚往来般地将自己收到的东西又归还给大人。在妈妈的教导下，他对人与人之间暖心的安慰有了很好的了解。

第六章

感觉整天什么事也没法做，妈妈该怎么做

我花在教育孩子上面的时间都浪费了吗？

很多人都同意，当妈是一项艰巨的任务。那么，妈妈的工作是什么呢？在这个问题上，有很多种不同的说法。人们口中所谈论的“为人之母”和母亲应该承担的工作是大相径庭的。

比如说，假设一下妈妈给宝宝洗衣服的情形。妈妈知道，孩子此时正在睡觉但随时有可能醒来。果不其然，几分钟之后，宝宝哭了起来，于是，她抓起一个毛巾擦干了手，然后一把抱起了宝宝。宝宝看起来很不开心，于是她紧紧地抱着宝宝。妈妈猜想，宝宝是不是刚刚做了一场噩梦？于是，她轻轻地哼唱着让宝宝一听就会安静下来的摇篮曲……请问，以上这些都是妈妈的工作吗？

可能大多数人会说，为宝宝洗衣服是她的工作；而宝宝哭了，就说明她不应该花这么多时间做这些事情。当这些情景发生的时候，妈妈们通常会觉得有一丝丝的挫败感。而如果我们观察细微的话，可以看到她正在认真安抚孩子，所以反过来也可以这么说：当一个母亲在忙里忙外收拾家务的时候，这些就是可见的、具体的工作，但是比起当好一个妈妈，这些都是次要的。可能这时候很多人包括她自己都会说“只是想把事情做完”吧。

如今，一个母亲会倍感孤单。因为太多的人都不理解她正在做的事情。当母亲不仅仅是一件她自己的事情，也是一个社会角色。每一个母亲都承担着链接孩子与社会的责任，如果她这个中间者做得好，她的孩子就能很好地认识这个广阔的世界，成为一个与我们都有共同联系的社会成员。所以说，这个社会其实是通过各个母亲而连接到每一个人的。这就是母亲的工作。

假如人们没有留意到一位母亲教育孩子的方式，他们又怎么能以一种负责任的态度来交流彼此的感受呢？这并非是说他们对此漠不关心。大多数人在表达自己希望以一种什么样的方式来养育孩子时，常常有着非常强烈的观点。更多的时候，他们仅仅看到一个母亲静静坐在孩子身边，却并不知道发生了什么。其实，很多妈妈心里都很明确要把孩子教成什么样的人。在大多数人看来，这并不是母亲的工作。

假如我们想一想一个刚刚度过婴儿期的孩子，这种看法的有失偏颇更加显而易见。比如，我们会在超市里看到一个妈妈带着刚会走路的孩子。妈妈同时以几种方式与宝宝相处。她在教导宝宝在他这个年龄在公共场合所应表现出的应有的举止方式。她向宝宝展示了具体的“超市里的举止方式”，包括不能把货架上的货物撞倒，不能把什么东西都放进购物篮里，要选择合适的商品并完成支付。在购物的时候，她要把她的价值观传达给自己的孩子，比如，计算商品的价格，快速完成购物，以及如何与收银员沟通。她并不是在教孩子去怎么做，而是与他分享自己的价值观，这项工作是非常不容易的。做完每件事的时间都需要正常时间的两倍，她不得不把注意力从成年人的购物世界转换为她身边这个小跟屁虫的儿童世界。假如孩子理解有误，她还要在两个世界之间做调停。

然而，现在我们缺乏对这种事情本质的了解。当我们问这些妈妈在干什么的时候，她只说“在购物啊”，我们再去问别的顾客或者是收银员的时候，他们也说这个妈妈在购物。但实际上，她做的远不止购物。她正在做两样工作：购物和教孩子。而后者在购物的情境下似乎被人们悄然忽略了。毕竟这件事也没有具体的名字。等孩子到了去上托儿所的年纪，老师会说到“社会化”的重要性。母亲在日渐地并且行之有效地教育孩子“社会化”甚至更多事情——而这些在公众眼里却不算母亲的工作，他们仅仅是觉得她在购物而已。

这种缺乏理解的更多例子仅仅发生在母子俩回家之后。当妈妈一样样地拿出购物袋里的东西，她能看得到自己努力的结果。但是，当她俯视着自己的孩子，她看不到太大的变化。她试着尽量对孩子保持耐心，但孩子看起来疲倦而烦躁，或许他饿了。她之前那些母亲般的教导都去了哪里呢？一位妈妈这样跟我抱怨道：

当你在工作时，你知道这一天都干了什么。可能这一天你打了无数个电话或者写了很多邮件，你可以看到努力工作的结果。但是，照看了一整天的孩子，这一项这么难的工作，却不会有所谓的工作成果，孩子的这一天跟昨天有什么不同吗？也没有看到很直接的改变啊。那我花在教育孩子上面的时间都浪费了吗？

其实，根本就没有所谓的完美的育儿方法

时间并没有消失不见，只不过是很难看得出来而已。花费这些时间的成果其实是可以被感知的。比如说，她的孩子肯定会有焦躁不安、哭闹不止的时候。以前的每一次哭闹都有妈妈的安抚。所以，并不是他哭闹的时候妈妈哄他，而是

他知道妈妈会哄他，所以他要哭闹。这一点区别其实是极其重要又容易让人误解的：一个孩子信任他的母亲，并且对妈妈抱有很大的期望，当他心情不好的时候，他会希望能从妈妈那里得到比平常人更多的关怀，因为他与母亲的关系最近。对于他目前唯一熟知的人——母亲，他怀有最大的信心，相信妈妈会做最正确的事。所以，大多数母亲并不会把孩子的情绪问题看作是一件值得骄傲的事情。而其实孩子的焦躁不安，也可以看作是孩子对妈妈的一种信任，尽管这一点经常被人们误解。不论是母亲还是其他人，当他们看到孩子情绪失控时，都认为这是当母亲的失职。

我女儿很懂得审时度势。当周围有其他人的时候，她看起来欢乐愉快。而当我俩独处的时候，她就要我时时刻刻抱着，一分钟也不能放下。不然，就会听到她的尖叫声。（小公主，7 个月）

我先生很喜欢哄女儿。他总是会把女儿带到隔壁的房间去哄，好让我喘口气儿。但是，当宝宝真的情绪很不好的时候，还是要我出马，因为她真正需要的人是我。（小公主，7 个月）

我先生带女儿出去了一个下午，回来的时候他们看起来都很累，但确实是共度了一段快乐的时光。先生说孩子一直都没哭。但是，当他把孩子交付回给我的时候我看到孩子张大嘴巴在叫我，只因为我是她的妈妈。我是那个可以让她坦诚面对、尽情宣泄一切感情的人。她知道我懂她！跟爸爸在一起时，孩子只是在表现她乖巧的那一面而已。（小公主，1 岁半）

宝贝们无法证实妈妈们做得有多出色。确实，假如一个妈妈听到她的小宝贝说："加油妈妈！你是一个特别出色的妈妈！"她一定会很欣慰，但是我们不可能去勉强孩子。在最开始的几个星期里，妈妈们总是很容易感到孤独和不被欣赏。

大多数妈妈都谈到了休产假的事。但不是每一个母亲都休产假的。接下来，会有很多描写是有关母亲和宝宝们一起度过的时光的。这对于那些只能在晚上和周末陪伴宝宝的妈妈来说听起来可能不像真的。

其实，根本就没有所谓完美的育儿方法，以下这些描述也并非建议每一个妈妈都要花大量的时间和精力去陪伴宝宝。只是，听听她们分享的育儿经验可能会对你有帮助。亲子关系的另一个侧面是妈妈们对孩子负有责任。不论责任怎样分化，她始终是责任把关的最后一站。因为有妈妈在，孩子则可以不必孤独地面对这个世界。

和一个小宝宝在一起度过的时间可以是富有成效的，但是妈妈们有时并不会这么觉得。其实，在刚刚当妈的时候，这根本就是一个巨大的“文化冲突”。

当我在工作的时候，我有目的性。实现了这个目标之后就前往下一个目标。但是在家里，并没有什么事情是我必须做的。所以我不知道要做些什么。一天下来，我感觉我唯一做完的事情就是喂完孩子并把衣服给他穿好。（小王子，2 个月）

突然间，无线电广播台又一次响起了《女性时间》栏目的声音。这时你会想：“我到底在做什么？时间都被白白浪费掉了。”（小公主，2 个月）

在生宝宝前我是一名初级律师，我工作都是以每 15 分钟为基数来计时收费的。但是现在 15 分钟过去了，我什么都没做成。（小公主，3 个月）

我是一个喜欢把每一件事情都做完的人。（小王子，3 个月）

职业女性都深知工作有多么重要。工资就是一个月工作成果的直接体现，所以上班的时候她们必须“做实事”。在她看来，同事在职场为了挣钱养家努力工作，回家后又能开心地陪伴孩子，做一个好职员的同时还能当好家长。看起来好像她这一天花费的所有精力照看孩子并非是为了达成什么目标而仅仅是消磨时间而已。

宝宝终于睡着了，我却不知道要干什么了

晚上爸爸回家之后，会想要融入这个新的小家庭中。但是他需要太太告诉他这一天发生了什么。这对于夫妻双方来说都是一个烦人的事情。当一个人说“今天的工作真是糟糕透了”，就算没有任何细节的赘述，我们也能大致想象到这是怎样的一天。但是当妈妈说，“今天我和宝宝度过了糟糕透顶的一天”，我们却想象不出这是怎样的场景。

我今天感觉心情很压抑，可能是因为天气原因吧，但也有可能是我带孩子带了一整天什么事情都没有做成。这时候我就会想：“我的生活去哪里了？”（小王子，4 个月）

日子一天天过去，我当妈妈的生活也正式开始了。但是，我真说不上来我有做什么很不一样的事情。（小王子，4 个月）

好几个小时的时间里我就一直盯着孩子看。我不知道我在想什么。明明家里一片杂乱，时间也就这么过去了。（小王子，4 个月）

我心里有一个声音一直在告诉我，我应该去做事情了，特别是当我一整个早上都躺在床上陪着孩子或给他喂奶的时候。我觉得，我这样躺在床上就像是没有工作的人或学生一样。但我就是不觉得我是一个妈妈。（小王子，5 个月）

你什么时候能回来
工作？

有一次我带儿子上街看樱花的时候碰到了我老板，他跟我打招呼并问我什么时候能回来工作。我很确定他心里想着我是一个很蠢的妈妈，把时间浪费在跟儿子做没什么意义的事情上面。（小王子，19 个月）

在这样的谈话中，妈妈们重复得最多的话就是“什么事情也没有做”“什么事情都没做完”“无所事事”，这就是她们对这样的生活的描述。

“有了孩子后，妈妈生产前的自由就没有了。如果她去上班了的话，更谈不上什么自由了。她再也不能享受那种不受限制的‘自由的移动’。”这是蒂莉·奥尔森描述女性离开家、不受孩子牵制的时光的话语。和宝宝待在一起意味着可以安静地坐几个小时，可以明显地把这种安逸的时光和生活的繁忙区别开来，同样，这样的时光也可能会使她迷茫。举个例子，当妈妈在早上醒来应该是要去做早餐的，但是她的宝宝这时候需要妈妈，那么，这时她就不想把时间用在做早饭上，而是安抚宝宝。如果家里没有其他人要吃早餐的话，那就更无所谓了。日子一天天过去，但是她的生活却好像静止不动了。这种感觉是如此强烈，以至于当她的宝宝不需要她的时候她也会感觉迷茫。

晚上，宝宝终于睡着了，我却不知道要干什么了。我坐下，一直想：“我应该做什么呢？现在还能做什么？”（小王子，2 个月）

当我朋友来家里陪宝宝玩的时候，我有一个小时休息的时间。但是，我只是静静坐着让时间过去。之后回想起来我会想：“为什么我不拿这段时间来做些事情呢？”（小王子，9 个月）

那些说自己生活无所事事、碌碌无为的妈妈是不会得到升华的。正因她没有这样的探求过程，她感觉自己和宝宝在一起的那些时光都被浪费掉了，没有太大意义。

女性是如何进入母亲的角色的呢？

在刚生完孩子的半年里，妈妈们是不可能特别活跃的。甚至这半年的常态是慢生活。比如说，当她在哺乳的时候，孩子可能并不会一直在喝奶，而是停下，四处乱看，盯着妈妈的脸，继续吃奶，睡意来了就闭上眼睛，这时候妈妈又不能按快进键，把孩子弄醒让他继续吃。这时候她很忙吗？可能这是她的思维也是缓慢而慵懒的吧。在孩子睡着之后，她就有一大堆的事情要做，做家务、收拾房间、打电话。但当她做这些家务的时候我们却不会把她跟母亲这个形象联系起来。我们会觉得她只是在照顾一家人的生活而已，毕竟没孩子之前她也是这样做的。

一直以来，她都陪伴着她的宝宝。看起来她好像什么都没做。而事实是她不把时间全部花费在做家务活，并且试图放下快节奏的生活以适应有宝宝的生活。对于那些习惯快节奏的城市生活的人，这样的反差无疑是巨大的。她把生活的诸多事情都放慢了节奏以适应如今这为人之母的生活。这并非易事。从这一复杂的亲子关系来讲，她并不是无所作为，相反，恰恰是付出最多的那一个。

女性是如何进入母亲的角色的呢？研究者们普遍认同心理分析学家唐纳德·温尼科特（Donald Winnicott）的观点，他提出的“初级母性倾注”与丹尼尔·斯特恩（Daniel

Stern）的“母性点化”论断和克劳斯与科尼尔共同提出的“母性敏感阶段”论断很相似。看起来，他们三者描述的都是相同的过程。

那么，妈妈们又是如何描述她们与孩子亲近的过程呢？其实，在被问到这个话题的时候，她们回答得都有些犹豫。一个已经有好几个孩子的妈妈也会用“我有丰富的经验”为开端诉说她所观察到的东西。可能是因为她态度谦虚地说出了她的经验，避免了让我们听信描述这段关系或好或坏方面的华而不实的论调。通过她们的描述，我们可以在脑海中慢慢构建出一段好的亲子关系应该是怎样的画面。

那么，妈妈们有没有告诉我们在最开始她们做了什么呢？她们说并没有做什么了不得的事情。然而，通过聆听，我清楚地认识到，以下这两件事情会让她觉得无所事事。一件事是：当宝宝在她的臂弯中睡着时，她知道如果她放下孩子，孩子肯定会哭醒。所以为了让宝宝安睡，她只能一直抱着他，也仅仅是抱着他。另一件事是：她常常在出神。这时候她可能会忽略宝宝而沉浸在自己的世界。毕竟，刚有宝宝时的那阵子，私人时间是一个很奢侈的东西。这种出神的状态其实是忙里偷闲的一种休息。而过后，妈妈们会开始自责自己恍恍惚惚出神的状态。毕竟现在她不能再这样一直出神了。

有时候，有那么几个瞬间，我会忘记了宝宝的存在。有一次我在一家商店，孩子在婴儿车里。我在快速浏览一些杂志，并且被内容吸引住了。我突然想起：我是带着宝宝来的！不然，我真的很有可能付了钱就直接走掉了。（小公主，4 个月）

我记得当我儿子还很小的时候，我去洗澡的时候孩子爸爸就来照看他。那个时候，我觉得终于自由了，可以尽情地享受淋浴。但是洗着洗着，我听到了孩子的哭声，好像与我无关的样子。可是当我意识到那是我儿子的哭声时我又觉得很愧疚。在我尽情享受的时候我居然忘记了那是我的孩子。（小王子，13 个月）

当然，妈妈也需要休息。一直这样高度紧张地看着孩子，被“无所事事”这个词压得喘不过气来。照看孩子的过程也是逐渐认识他、了解他的过程。为了更好地了解孩子，她需要把自己置身于一种善于接受、思想开明、毫无成见的状态中来。此时她的感官都是机敏的。而这种状态也是十分累人的。所以，我们可以理解妈妈们也偶尔需要从这样的紧张状态中休息一下。在第七章中我们将看到，大多数人都是在工作和休闲的交替中保持头脑冷静的。妈妈们则应该从出神中得到片刻的休息。在白天的头脑放松中，妈妈们会从疲累中恢复过来，她们并非“无所事事”，而是抽空进行了休息。

开始的时候，学得也多，忘得也多。妈妈们对于最初的几个星期的形容是“一团糟”，每一天都像在战斗一样。在混乱中，她们找不到最佳的新生儿模式，只是负责照看这个还不甚了解的新生命而已。她们担心的是每一天的突发状况，并且将这一切归咎于自己的失误。我都数不过来有多少妈妈跟我哭诉过这方面的事情了：“刚有孩子那会儿，全都是新奇的、毫无规律的事情，我一点也找不到所谓的规律。我不知道到底是哪里出错了。”

慢慢地，令母亲们崩溃的生活逐渐消失了

人们难以理解为什么女性会因为成为母亲而恐慌。在第二章中我写过，在以前那个更加传统的年代，很多女性在有孩子之前就有过很多帮别人带孩子的历练和排演。所以，她是有一定经验的。但是现代的女性则没有这种优势了。她看着时间就这么一天天过去而生活还是一团糟，这时候她就很容易有挫败感。只要她意识到她并非无所事事就好了。毕竟刚有孩子的那段手忙脚乱的日子是每一段亲子关系都必须经历的。

当一个妈妈正经历这种手忙脚乱的生活时，她看到那些冷静的母亲时不禁感到震惊。她怎么能够这么从容冷静地带孩子呢？而这时，这个稍有经验的妈妈就会慷慨地分享她的过往经验给那些正身处风暴中心的妈妈们：

第一位妈妈：我特别困，而宝宝一整夜都不睡觉。我就这么坐着看着时钟，从两点走到三点，想着："我到底什么时候才能睡觉啊？"（小王子，4周）

这段话引起了很多妈妈的共鸣，她们的宝宝从刚出生到两个月大，再到快满周岁的时候都是这种状态。她们说："把钟表拿走！不要去看它！不然你会感到崩溃的。你要相信一会儿就能安排妥当，马上就能睡觉。要相信自己！不要担心。"

我那时候感觉心烦意乱，好像什么事都做不好，于是，我决定出去散散步。我很庆幸当时我这么做了。我遇到了一个人告诉我说她也经历过这样的时光。而我不应该为旁人的

批评而烦恼，因为没有人能比我更了解我自己的孩子。回到家时，我感到心里又充满了力量，我真的很高兴那天我出去走了走。(小王子，4 个月)

在一阵子之后，这种一团糟的感觉就会悄然离去：

我现在看起来很平静。你肯定想象不到一个小时前我还在电话里朝我先生大吼："我做不到！没有一件事情是按常规来的！这里一团糟，而我就是个彻头彻尾的失败者！"（小公主，6 个月）

慢慢地，令母亲们崩溃的生活逐渐消失了。她们开始了解自己的孩子，孩子也在逐渐地认识妈妈。与第五章里所说的妈妈对孩子的一切哭声都很机警、反应强烈不同，现在她们看起来似乎没那么着急了，她们只是想静静地陪伴着宝宝，看起来好像是什么事都没做。但是之后她们却意识到很多东西。譬如，这样安静的陪伴可以给孩子带来安全感。我们通常把这个叫作"天生意识"或"直觉意识"。可能是因为这是一个难以名状的行为，而此时直觉和天生意识占主导，所以一些母亲的认知才会发展得这么缓慢。

大家都问我什么时候回来工作。我觉得我就在工作啊。和儿子在一起的每时每刻我都是工作状态，我根本无暇想其他事情，毕竟这个工作太不容易了。（小王子，4 个月）

我一天中的大多数时间不是用来做事情，而是用来习惯这个身份。有了孩子后我不再是简简单单的一个人。我要努力适应当下。(小王子，6 个月)

如果一个母亲花了很长时间和宝宝在一起的话，她会逐渐摸透宝宝的情绪爆发点。比如说，宝宝总是在晚上烦躁不安而哭闹。一开始妈妈总是摸不着头脑，明明没有什么事刺激他呀。他的哭闹显得毫无预兆。而几个星期之后，她找到了原因，那就是——宝宝可能是之前过于兴奋，然后现在累了。如果宝宝会说话的话，他可能会说：“妈妈，我累了。快带我去休息呀！我困了呀！”但是孩子的好奇心是很重的，哪怕周围的环境他无法适应，但是也会由于好奇而不愿意离开。于是就只有大哭。而一旦妈妈弄清楚了这点，孩子这古怪的行为就能解释得通了。她心里一块大石头就放下了，而且还会欣慰于发现了宝宝的行为密码。明白了这一点，问题就解决了一大半了。

每一段亲子关系都是独一无二的创造

还有一些研究是考察父母与婴儿之间的互动行为的。得出的结论却让人以为，妈妈们应该一直做与孩了有关的事情。但这会让母亲和孩子都身心俱疲。他们常常以一种安静的方式进行互动，十分了解对方。比如，你可以在母亲哺乳孩子的时候跟她谈话。她看上去神情轻松，似乎若无其事。毕竟，宝宝的食物来自她的身体。她无须手忙脚乱地为宝宝准备食物。在给宝宝哺乳的时候，妈妈似乎能够专注地与别人谈话，但她有一个内在的预警机制，只不过没有表现出来而已。

我对我们的谈话
内容很感兴趣，
但是，
我必须照顾宝宝。

有时我与一个妈妈谈话时会有种被忽视的感觉，因为只要孩子一开口她就会立即转头过去，而我会想："哦，你觉得我太无趣了。"但是现在我当了妈妈，我会告诉别人我能理解他们的感受。我向人们解释，我对妈妈与宝宝的谈话内容很感兴趣。但是，我的心思在宝宝身上，我必须照顾宝宝。（小王子，9个月）

渐渐地，妈妈找到了能让宝贝更舒服的方式，也找到了适合自己的方式。双方都需要适应，这就是亲子关系的秘密。母亲与孩子是两个截然不同的个体，却要找到让彼此轻松的方式。妈妈在学习如何与孩子相处的同时，也在学习成为新的自己。有一个妈妈是一位训练有素的厨师，她发现她能与女儿达成某一方面的协定。

人们告诉我应该与女儿分开一些时间。但是我不想，因为她是一个很好的陪伴者。我喜欢的她都喜欢。有一天我要煎鱼，就给她看了一下鱼，她好像知道了这是一件重要的事情。我把她放进小椅子里，她坐在椅子里看着我，鱼很快就煎好了。于是我想，她坐在旁边这么乖巧，或许我可以再煎点儿什么。可就在这时，她开始在小椅子上不停地扭动着，似乎在说："你只说要煎鱼，没说干别的！"（小公主，5个月）

每一段亲子关系都是独一无二的创造。有时妈妈们会互相学习经验。但是谁都没有完美的秘诀。我们并不建议每一个妈妈煎鱼的时候都让小宝宝在旁边看着。但是我们希望妈妈们能找到让自己和孩子都舒服的相处方式。如果双方互动良好，她会觉得和充满好奇心的宝宝在一起的每一天变得更加快乐。哪怕只是把一张纸揉成团扔着玩，看他的小眼睛好奇地转来转去，去寻找声音的源头。每一天的生活都充满着这样的趣事。

有些妈妈抱怨说，她们觉得自己永远也跟不上宝宝的步调。除了妈妈和宝宝，所有人似乎都能相处融洽。这通常是因为妈妈对自己期待过高，于是对宝宝的要求远高于宝宝的年龄。她的话让人觉得，妈妈把自己和宝宝逼上了一个永无止境的梯子。在这样的困境中，和别的妈妈交流一下心得是很有帮助的。有些妈妈说，这会让她们冷静下来，不再对自己期待过高。当她们不再期待过高时，她们就开始理解宝宝了。

世界上并不存在让人成为好妈妈的大纲计划

外部的环境也会让母亲在这一阶段举步维艰。在家里，一些妈妈会觉得备受压抑，也会因为不稳定的财务情况和夫妻关系而备受困扰。而家里的人的生病或死亡，或者政治动荡则是妈妈们无法回避的。对于母亲来说，抛开一切烦恼和焦虑的情绪来学会与宝宝相处，是很难做到的。

然而，神奇的是，尽管困难重重且缺乏社会认同，妈妈们仍旧努力探寻脱离这种混乱生活状况的方法。能够从偶然行为中感知人类行为模式似乎就是人类心智的特点。

妈妈会从探寻宝宝的一举一动所代表的含义着手。这时候，一个手忙脚乱的妈妈是很难坐下来与人聊天的。我有时也会担忧一个抑郁的妈妈能否走出困境。但是她做到了！这真是个不可思议的成就。每一个刚出生的、独一无二的宝宝都会对我们的认知产生挑战，所谓的指导方针并不适用于所有的宝宝。比如，当宝宝生病的时候，医护人员会问妈妈：

“他和平时有什么不同吗?”对于宝宝平常时的表现也是靠跟妈妈的沟通才能了解。

如果没有妈妈或照顾孩子的人，那么，就没有人理解孩子并与他沟通。针对罗马尼亚等国家孤儿院里的孩子的研究显示出那些缺少母爱关怀的孩子有多么可怜。他们很少有孩子的反应，只会用重复的安慰性行为来保护自己，并且很难对别人产生信任。

终于，妈妈们在经历过初期的混乱之后开始理解孩子。这样的改变是显而易见的。

我一直没有出去工作，只是和女儿在一起消磨时间，而且我很喜欢这样的生活。女儿真的很乖巧，我现在也更了解她了。(小公主，4 个月)

现在，我能看懂宝宝的行为了。我知道他什么时候疲惫不堪、心情烦躁，什么时候觉得无聊。我还知道他什么时候兴致勃勃、什么时候饥肠辘辘，但这两个状态是不会同时发生的。我是真的了解他。(小王子，6 个月)

我可以辨认她发出的信号，比如，尖锐的叫声表示：“把梳子还给我！我要咬它！”(小公主，7 个月)

我是真的喜欢和儿子待在一起，并且我觉得他也喜欢和我在一起。(小王子，1 岁)

那些无法坐下来“无所事事”的妈妈们如果知道那些无所事事的妈妈们也想重新忙碌起来的话，就会倍感安慰。

儿子睡觉的时候，我有十件事情要做，而之前只做完了一件。要是我想坐下来喝杯茶的话，我就会感到愧疚。我觉得我必须干点儿活才行。(小王子，出生 4 个月)

有一天，我要打扫厨房地板。我告诉先生，他必须抱一下孩子，我才能擦洗地板。我不是嫌厨房地板太脏，而是因为这样我可以看到自己完成了一些事。我可以照顾孩子一整天，不过看上去他并没有什么异样。（小王子，7个月）

我再重申一下，世界上并不存在让人成为好妈妈的大纲计划。有些妈妈把亲子关系处理得很好，但是无所事事的慢节奏生活是不存在的。

宝宝是我身体的一部分吗？

如果妈妈被宝宝深深吸引，宝宝一定会加倍地回报妈妈。这样的亲子关系会变得美好起来。

这是双向的。当他盯着我的脸看的时候，其实是对我感到好奇。我所得到的都是我的付出。（小王子，出生3个月）

我要时时刻刻抱着女儿。她希望我能一直抱着她。如果有人说这一定是她处在出牙期的原因，我一定会尖叫的。女儿嘴里根本没有一颗牙齿。我不断地提醒自己：女儿是聪明的。我的意思是，为什么别人不希望被我抱着并一直看着我呢？我觉得我只是不能相信。（小公主，7个月）

这并不是一种感性的关系。如果一个妈妈花很多时间在宝宝身上，那么，宝宝也会跟她分享他的所有情绪。

第一个妈妈：他哭的时候，我会用很“甜美的”声音跟他说“Hello!”然后，他看着我，我知道他听懂了。他知道，我的心情并不像声音这般愉悦。（小王子，7周）

第二个妈妈：是的，我知道。你会看到他那双大眼睛。我是说，我无法对他撒谎。有时我走向宝宝的时候，我的

心情并不好，我无法隐瞒。我不愿意欺骗他。（小王子，4个月）

孩子并不知道一个完美的母亲是什么样的。当你一整天和他相处的时候，当你沉默、心情不佳甚至垂泪时，他都看得出来。他将这一切全都看在眼里。（小王子，9个月）

这种互相审视的行为表明，妈妈和孩子都意识到，他们需要了解对方。他们并不是从一开始就自然而然地知道对方是什么样的人。

在最初，我们只是依偎着睡在一起。所以我们只是一种互相依偎的关系。而用身体抱着他的则是我。要用力抱住，但不要抱太紧。我要这么抱着他坐上好几个小时。有时我会觉得失去了自我，我仿佛变成了宝宝，并进入了他的意识状态。现在回想起来，这真是非常奇特的记忆。（小王子，8个月）

母亲的这种“好像”防备意识是极其重要的。一个人在看电影或读小说的时候会以类似的方式“失去”自我。这是理解另一个世界的一次尝试。我们并不是伊丽莎白·班纳特（Elizabeth Bennet）或达西（《傲慢与偏见》的男女主角）。但在阅读的那段短时间内，我们仿佛变成了书中的角色。这种意识只是帮助我们进一步了解他们而已，妈妈们所描述的正是这样的一个过程。

直到我自己当了妈妈，我才知道了解每一个孩子是多么费工夫的事。几年前，当我还是个学生的时候，我读了温尼科特一本很有名的书《孩子、家庭与外面世界》（*The Child, the Family and the Outside World*），当时我并不知道看自己到底是什么想法，但我当时就“为我将来有孩子时”保存了一本。而当我有了第一个孩子时，我在一个奇怪的新世界里迷失了方向。有一天，当我突然想到他的这本书，我现在都还记得当时我重新找到这本书时的激动之情。当时孩子还很小，足以让我一只手抱着她，另一只手翻看这本书。阅读第一段就让我感到轻微的震撼，给我一种奇特的感觉。他友善的口吻和对话式的文体吸引我一口气读完了第一章。然后，我又回到第一段落去寻找那句让我心灵触动的句子。这句话是："我是一个男人，我永远也无法得知那种全身心扑在一个人身上忘掉自我、忘却生活，成为另外一个人的感觉。"正是这句话中的自我概念使我震惊。

我换了只手抱孩子，又继续看回第一页。我想了一下，我的宝宝是我身体的一部分吗？不，她是一个生理上完全独立于我的个体。虽然她还没有长大成人，但是却已经开始以成人的方式探寻和感知这个世界了。很显然她有自己的思想和认识新东西的方式。她不停地在挑战我。尽管她还如此之小，我不也得不给予她足够的尊重、不再把她当小婴儿看待了。

有些妈妈喜欢跟孩子分享一天中发生的一些小事。宝宝们会很喜欢听，他们把眼睛睁得大大的，兴奋地喘气。在一岁之前，并不是每一个妈妈都用语言来沟通的，因为她们会觉得这样很自私不考虑孩子，而且很傻。那个让女儿在旁边看着煎鱼的妈妈就是其中之一。她跟女儿沟通的时候就仅用极少量的词汇，大部分依赖于身体语言。在这种时候，语言就不再是沟通的核心技巧了。这种沟通的要点在于换位思考并让孩子明白自己的意思。

“如何做一个好妈妈”是一个抽象的问题

在妈妈学习与宝宝沟通的时候，亲子关系中的另一个侧面也引起了我们的注意。其实，这并不是一个令人舒服的话题。从一开始，母亲和孩子的身份就是不对等的。我们用成熟的目光来审视母亲，这个更强大更有历练的成年人。

“亲子关系”是个宏大而复杂的话题。它提及了亲子关系中的另一个极其重要却鲜被人重视的方面——母亲的“静默”。看似沉默是没用的东西，但它却是母亲的日常生活中一个重要的组成部分。她可能会在沉默的时候在心里问自己：我是一个好妈妈吗？别人可能会就“最好的抚养孩子方式”这一问题来找她辩论，甚至有时在街上，一个完全陌生的路人都有可能走向她并跟她搭话说：“你孩子乖吗？”尽管“道德”和“被评判”现已不是流行的思想了，妈妈们可能没有注意到要考虑这种问题，但现在她们必须考虑了。

对于准妈妈来说，“如何做一个好妈妈”是一个有点抽象的问题。因此她身边的亲朋好友们会给她关于这个问题的各种各样的建议。准妈妈们有时会抱怨这种建议之纷繁复杂，然而当她生下孩子之后，这些建议就起作用了。她孕育出了一个新生命，多么神奇的一件事情。一个新的小生命托付于她的十月怀胎。新手妈妈们说她们渴望一切对宝宝好的事情。为人之母不仅仅是她的事情，还有很多人参与进来，帮助她成为一个好妈妈。

而把这些建议付诸行动又是另一码事。她们鲜少有时间来整理这些建议。很多时候，她们都面临着做出选择。在小事上妈妈们的选择是很务实的。这时很容易就忽略了所谓的道义标准。而现在情况发生逆转了，做出选择的不是她了，是她逐渐长大的宝宝。她为此常常抱怨到她觉得已经没有自我了。此时她时时刻刻都要围着宝宝转，等着他一声啼哭就马上来到他身边。尽管大事的选择权还在她手里，但是却事事都要考虑到孩子。这时她就需要在心理做出应对这些密集出现的问题的对策。比如说，宝宝现在睡着了，而她要出去赴约。她是应该叫醒宝宝还是留在家里爽约呢？虽然唤醒孩子并不会给他带来什么生理上的伤害，但是，孩子会情绪不佳，而这让她感觉自己很自私。她权衡了一下宝宝的利益和自己的事情，最终向务实的现实妥协。

我有时会感觉自己像个修女，这还是往好的方面说。在家的时候，我会把电视关掉，因为觉得一直开着有辐射对宝宝不好。我总是会做一些这种看似不必要的事情，但我还是很高兴我做了。(小王子，4 周)

我总是在权衡什么是对她有益的，什么是对我有益的。很多事情都很难抉择。(小公主，5 个月)

我脑子总是转着这些问题：我给孩子了足够的关注吗？当我在做别的事情时，我忽略他了吗？我们总是迟到，为了准时赴约匆忙给他穿鞋的时候弄疼他了吗？(小王子，6 个月)

有时很难知道我们是不是应该让孩子承担一些风险。如果我们是男人，我们可以一边拍着孩子的背，一边说我们走在科学育儿的前沿，可是我们是女人，只能让愧疚一直鞭策着我们。(小公主，13 个月)

一直都运用好自己的选择权，这是很难做到的

还有一些很复杂的选择介于手足之间甚至是宠物之间需要母亲来权衡。那么问题来了，这时她应该先照顾哪一个呢?根据什么来决定呢?

我觉得我有一只猫在我生下女儿之后变得抑郁了。它现在一整天都窝在篮子里不肯出来，它是想要博得我的关注。这很糟糕。在我没有生女儿前它确实是我的宝贝。（小公主，3 个月）

在我两个孩子都需要我的时候，我挺为难的。（小公主，5 岁；3 个月）

以上这些例子就是有关道义上的，妈妈们都在权衡怎样做才是最好的。她们非但不是无所事事，而是认真地行使手中的权力。其实，滥用这种权利很简单，相反的是，要好好做出决定却很难。逐渐地，一个母亲的小小选择都将影响到周围人。她的宝宝也会被影响。

其中一个意识到母亲有这样强大道义力量的人是柏拉图。但是很快他又意识到，这样的力量不能仅仅停留在母亲手里。在他的书中写道，他认为法律是管理人类社会最好的手段，并且总结出了什么样的法律才能维护这个社会的运作、什么样的人才能成为领导这个社会的精英。而这又引导出另一个问题：到底要什么样的婴幼儿时期才能为将来成年后扛起社会重责奠定基础、做好准备。他的思想今天还会被人们提及。他甚至认为孕妇适量的运动也会对胎儿产生影响。

柏拉图问了自己很多问题，比如：当宝宝哭闹的时候，是应该把他抱起来安抚，还是严格地让他遵守规律？应该让宝宝有情绪的波动还是让他一直保持平静？男孩和女孩应该区别对待吗？如果应该的话，从什么时候开始好呢？以上的每一个问题，他都思考出了确切的答案，他认为这些问题都会对孩子的一生起重要的影响作用，并且应该写入法律中。他直言，也许只有母亲和保姆会遵守这样的规则，其他人都会嘲笑他。“这肯定会招致人们的嘲笑的”，他写道。所以在他所构建的认知体系中，父亲的作用就是确保这样的规则在一个家庭得以良好的运行。

幸运的是，这种极权主义的体系停留在了柏拉图的思想中。母亲们仍旧有道义上的权利。但是这并不意味着这权利是不受限制的。这种权利是夫妻双方共享的。夫妻一起商讨问题也有助于问题的解决。家庭因素和朋友因素同样也会影响这对夫妻。孩子并不是一个空的容器，可以让母亲灌入她的各种各样的条例。尽管孩子还小，母亲仍会被孩子强烈的表达欲望所震惊，孩子也有自己的规章条例。

我女儿对我抱她的方式是很有要求的。她喜欢我把她抱在肩上。但是有一天，我要去领事馆拿我的护照，我就不能这么抱着她了，于是我们就互相惹对方生气了。（小公主，6个月）

他可以用声音表达他的情绪了。（小王子，4个月）

我女儿是意志非常坚定的。如果她想要某样东西，她的眼睛会一直盯着这样东西看，流露出期待的目光，没有任何事情能够让她转移注意力。（小公主，6个月）

我不能控制另一个人，这是我最近才意识到的。我不能

够强迫儿子去吃一点点的他不喜欢的食物，尽管这样食物对他的身体好。（小王子，1 岁）

孩子从很小开始就接触到了成人所传递的道德观

有很多书是关于宝宝的德育教育的。宝宝对这方面是很敏锐的，他们从很小开始就接触到了我们成人所传递的道德观。如果一个妈妈以一种尊重孩子的方式与其相处，那么，孩子也会比较温厚地待人接物。尽管现在他还小看不出来，以后等他大了一点会表现出来的。所以母亲要用比较巧妙的方式来处理亲子关系。有时带孩子会让妈妈产生挫败感，而通常又没有第三个人来帮忙调解情绪。所以，妈妈会烦躁易怒，然后把生气的原因归结到孩子身上。值得赞扬的是，妈妈们意识到了这个问题，她们说在每次冲宝宝撒完气之后都会很后悔。

妈妈：我大声地跟儿子说话。这样子我就可以清晰地意识到我在干什么。如果我做了什么错事，我也会告诉他。

我：如果你发现你做错了，你会向他道歉吗？

妈妈：会的，会的。我一直都在道歉。我希望，他长大之后会意识到，做错事就应该道歉。（小王子，8 个月）

孩子总是从大人身上学习有关成人世界的点点滴滴。如果一个妈妈会在对孩子做了错事的时候道歉，那么孩子就会意识到妈妈是很看重德育问题的。他的妈妈甚至都不需要坐下来好好地跟他说这一问题的重要性，他就可以从妈妈是如何对待他中意识到了。相反地，如果一个妈妈做错了事不从自已身上找原因而选择责骂孩子，那么，孩子就会把这种行为归结为“只针对孩子”。

当孩子开始学爬的时候，他看到什么新奇的东西都会先请示一下妈妈，想从妈妈那里得到所谓的“指令”或“指导”。然而，如果一个妈妈并没有意识到这时一个可以进行德育教育的机会的话，就很有可能让它白白溜走。妈妈可以在孩子指着或拿着一样东西的时候就跟他说有关这个东西的“规矩”。比如：“注意别弄皱这个报纸，爸爸妈妈喜欢它平平整整的。”

慢慢地，孩子在逐渐把这些短语和句子连接起来明白它们的含义。然后，他开始用“为什么”来挑战这些规矩。而他质疑、挑战这些微不足道的规矩的过程，也是他逐渐接受这些事情的过程，当然，还有一个重要前提是，家庭成员之间的相处也能够十分和谐，互尊互敬，给他营造一个好的氛围和榜样。妈妈们并不需要事无巨细地教他每一个规矩，只需要讲清楚其中几个他必须遵守的就可以了。他们会认识到公正的重要性的。

公正是早期人类社会就有的观念。原始社会都有关于好坏行为的衡量标准，以及适当的奖惩。这使我们能够在这个复杂多元的社会和谐共处，尊重他人及其特性。我们从一个背景换到另一个背景生活，根据背景的切换做出适当的改变，使我们做得更好的同时也保护自己不受不公正行为的伤害。

而宝宝要探索的是这个广阔的世界。

母亲对孩子的德育将远远影响超出孩童时期

谁又能预知孩子的未来呢？他可能会成为一个手握大权的重要人物，也可能会成为受尽压迫的无名小卒甚至是被剥夺权利的人。在这样的境遇中，他在婴幼儿时期与母亲的相处时光可能就会给他提供支持的力量。柏拉图就曾说过，在一些关键时刻，母亲的德育影响超出了孩童时期、辐射得更远。

当一个母亲只是静静坐着，用尊重的方式与孩子交流，可能不会有人认为她们有多大成就。导致很多人都觉得这样子的行为是“一整天无所事事”，就连大多数妈妈都无法说得明白这一天她们干了什么大事。

可能并不会每一个妈妈都这么想，但是她们会发现很难为自己的行为做出解释。那些深知母性关怀重要性的人恰恰是工作中常接触到缺失母爱的青少年的人。讽刺的是，这些妈妈们只有几个月的产假。时间一到就要被迫离开自己的宝宝回去工作，尽管有诸多不舍和痛苦。她们只能将宝宝托给保姆照看，然后自己回到工作岗位上帮助那些青少年们。她们中有辅导老师、学校的心理老师、青少年辅导员、戒毒瘾或药瘾中心的工作人员或医生等。她们帮助的是因缺乏父母关爱而走上歧路的问题少年，可是却给不了自己的孩子足够的关注。

当孩子到了要上学的年纪，他们与别人相处的能力就可见一二了。如果一个孩子真的能够理解和妈妈相处过程中的道理，那么他很快就能学会如何使用学校的厕所，或者是如何用刀和叉子进食，同时他也会认真听讲、尊师重道、对学习充满信心。而如果一个孩子是在并不和谐的家庭氛围中成长，家里总是无安生日子，父母也没有给他足够的尊重、也不想去理解他，那么，他在学校学习到的第一件事就是观察周遭的一切，然后想出如何保护自己不受大人的侮辱和欺侮，而不是规规矩矩地当学生。

当他长大成人后，他的境遇会更加显而易见：与身边人的相处问题成了一个大难题。他们会在闲暇时刻花几个小时和朋友聊天甚至做心理治疗。已为人父母的成年人会在帮助下训练这些“人际技巧”。这些人都是在孩童时期缺乏母亲对其的尊重的。换句话来说，那些从小缺失与父母的良好相处关系的孩子长大后会很难体验到感情的愉悦与美好。他可能意识不到，或者只是根据自己的方式来为人处世。

沐浴在爱的氛围中，生活会更美好。如果两个人在一段美好的友谊或婚姻中继续发展的话，会很容易发现这点，当然，从小就在这样和谐美好的氛围中成长起来的人更容易意识到这点。

我们有各种各样的辅导机构来帮助这些人，然后我们却还在低估母亲所做的这种工作的重要性。如果我们不指出这种误解，那么大多数母亲都会认为自己一直是在做无用功。

第七章

带孩子如此疲惫，妈妈该怎么做

我永远也没法再睡安稳觉了！

新手妈妈们的疲惫是如出一辙的。

我们经常听到这样的对话：

“你好吗？”

“好累啊！”

“我也是。要是把我扔在床上的话，我能睡上一周。”

“一周？我只求能安安稳稳地睡 4 个小时就好了。”

“我以前老是会想，妈妈们说的‘累’是什么一种状况。现在我总算知道了。”

“你会觉得太累了，根本没心思去想有什么办法可以让自己轻松一点。”

“在前几个月，你真的会想：‘我永远也没法再睡安稳觉了！’”

“在疲惫的时候，你连幽默感都没了。我没法忍受人们的玩笑话。”

“你觉得一切都不合情理。当你疲惫的时候，你的判断力就消失得无影无踪。”

是什么让妈妈如此疲惫呢？妈妈们通常会说：“我需要睡上一觉。”饱饱地睡上一觉的确能让妈妈的精力得到很好的恢复，但妈妈们很少有这样的机会。从妈妈的回答来看，似乎更多的原因在于，妈妈们认为自己本不应该如此疲惫。

在描述自身的疲惫时，妈妈们表达了这样的观点。她们并不会为自身的疲惫而自豪，不会把疲惫看作是有了宝宝之后的正常状态，也不会认为这是一种值得的付出。她们的行为像是在忏悔，好像自己犯了错误一般。听妈妈们交流自己的疲惫，经常会听到妈妈说，自己感觉“完全失控了”“此时完全没有规律了”或者“完全不能摆脱疲惫”。听起来，妈妈更像是一个在奋力拼搏的商人，而不是孩子的妈妈。这种状况不难理解，因为当妈妈讲到自己的疲惫时，人们通常会给她一些建议，教她如何变得轻松，而没有人会因此把她好好地表扬一番。因此，身心疲惫似乎是妈妈自己管理不善的结果。

新手妈妈会觉得尤其迷茫。她们之前可能听朋友说起过，带孩子是一件相当辛苦的事——她们原本应该有心理准备，宝宝还没出生之前，事情看起来好像并不复杂。毕竟，宝宝出生后，他经常都在睡觉吧？他醒了，你只需要给他喂奶，帮助他打嗝，给他换尿布，剩下的时间就是让他玩耍了。

宝宝一出生，妈妈们便忙前忙后，异常疲惫，这种状态让她们感到震惊。早在几个月前，她们当中的许多人还在全身心地从事着烦琐的工作，比如教书、医疗保健、录制电视节目或经商。她们对工作中的压力已是习以为常，并且为自己能解决难题而感到自豪。她们心中的自我形象是积极正面的。

在当妈之后的前几个月，这种积极正面的形象便会消失得无影无踪。这样的改变真是难以置信。

在职妈妈们会感到非常疲惫，要解释起来会相对比较容易，但是对于还在休产假的妈妈们所感受到的疲惫，我们应该做何解释呢？她们成天待在家里，这是一个拥有自由时间和能够放松自我的好地方。妈妈怎么可能会抱怨在家感觉很累呢？在这里，她能得到家人的安慰；在这里，一切她说了算；她不用担心工作中森严的等级、工作的最后期限和裁员的风险。许多妈妈以为在家的生活将会是轻松愉快的。在宝宝出生之前，她们筹划着等生了宝宝之后，要装饰一下房间或者学习一门课程，以便让轻松的生活更加精彩（同时打消安于享受的罪恶感）。现如今，她们该如何向辛勤工作的丈夫和朋友解释自己的疲惫呢？——她可是一整天都待在家里的。

有一种疲惫叫“妈妈式疲惫”

为什么疲惫是带孩子的一个典型特征呢？

一开始，妈妈通常只是感觉比平时要累一点。在前几周，许多新生儿大部分时间都在睡觉。研究表明，新生儿的平均睡眠时间大约是每天 16 个小时。（我所知道的大部分宝宝并不符合这一平均水平！）这时，新手妈妈准备好了迎接疲惫，其他人也觉得她会很累。其实，在这一阶段，最累人的事就是在夜间喂奶。除此之外，如果宝宝大部分时间都在睡觉，带孩子似乎是一件简单容易的事。妈妈们通常会觉得，自己有个“好带的”宝宝，于是开始重拾以前的工作。

在这个阶段，新生儿在晚上会非常活泼，而成年人则希望晚上能放松下来，好好地睡上一觉。新生儿对白天和黑夜的感受似乎与成年人不同。许多宝宝受不了明亮的日光和白天的噪声。晚上，当爸爸妈妈关上灯，压低声音说话时，新生儿却感觉非常舒服。他会睁开双眼，东瞧瞧西看看，变得非常活泼。这种新奇感在一段时间内会让人觉得好玩。

我喜欢晚上，因为这时只有我和儿子两个人。我感觉全世界就只有我们俩。我不会因为疲惫而感觉不开心。这似乎是我必须付出的小代价。(小王子，6 周)

但是随着时间的推移，妈妈付出的代价会越来越大。大多数宝宝需要在晚上进食。他们的胃很小，进餐次数会比成年人更加频繁，所以他们常常会被饿醒。对于许多宝宝来说，我们能预测他们的进餐时间，但通常是在早上，因为他们这时喜欢多睡一会儿，但是，在这个时候，妈妈的生物钟很可能会让她醒过来，无法继续入睡。史丹利·科伦在他的著作《睡眠强盗》一书中这样写道："新生儿在头一年里会夺走妈妈 450 到 750 个小时的睡眠。"其中的主要原因是，妈妈必须在半夜醒来喂孩子，而又不喜欢在白天睡觉。

另一个问题就是成年人和宝宝有着不同的睡眠节奏。人们认为，成年人的睡眠周期大约在 85 到 90 分钟，而宝宝的睡眠周期相比之下则要短得多，只有 50 到 60 分钟。所以，当宝宝舒舒服服地度过了一个完整的睡眠周期时，妈妈的睡眠周期才刚进入三分之二。当妈妈醒过来时，她并不会感到精神焕发，反而是相当沮丧。她可能会抱怨睡眠时间太短，因为她不会意识到，她的疲惫还有另一个原因，那就是睡眠周期被打断。

但是，人的适应力很强。并不是说我们损失了多少小时的睡眠时间，就得花费同样的时间把它补回来。纳瑟尼尔·克莱特曼在他的奠基之作《睡眠与清醒》中（这本书的首次出版时间是 1939 年），描述了一个过程——我们现在称它为"恢复性睡眠"。例如："一个年轻的研究对象，在 3 到 4 天不休不眠之后，可能会睡上 12 到 14 小时。在下一个晚上，他可能会比平常多睡一个小时，但是绝对不会超过这个时间。”

有关“疲惫”这一主题，我们可以找到一些相关的研究，但研究的对象都是医生、军人、灾难救援者、空中交通管制员、飞行员以及长途卡车司机。似乎没有人对新手妈妈的疲惫展开过任何研究。蕾妮·A. 米利根和琳达·C. 皮尤是两名研究员，她们曾经有过这样的总结：“我们对过去 20 年中出版的有关护理方面的杂志进行了检索。结果显示，有一些对健康人群以及疾病人群所开展的疲惫研究，但是很少有关于妇女在分娩阶段的疲惫研究……分娩时期的疲惫研究仍然是个尚未涉足的话题。”如果妈妈能了解更多的信息的话，她们可能会做出更好的规划。

宝宝在疲惫时，也并不一定要睡觉

外人可能会问，问题到底出在哪里。的确，有史以来，妈妈、宝宝以及睡眠这几个主题就一直存在，没有任何改变。难道在这么长的时间里，妈妈们都还没有找到应对疲惫的好方法吗？答案是，我们的社会模式变了，妈妈们过去使用的方法在今天已经不适用了。

让我们先来看一个简单的例子。电的出现，给人类带来了丰富多彩的夜生活，而在使用油灯以及蜡烛的年月里，人们是没法从事这些夜间活动的。我们有了电灯、电暖气、电视以及电脑，这些设备全天 24 小时都能为我们提供服务。和以前那些还没有电灯的先辈来说，我们活动和醒着的时间一定比他们多得多。当宝宝以最短的睡眠时间加入这个原本已经岌岌可危却还要连轴转的活动时，爸爸妈妈的疲惫便陷入了精疲力竭的状态。

除此之外，宝宝在疲惫时，也并不一定要睡觉。现代生活不仅对父母是一种刺激，对宝宝也是。爸爸妈妈早已熟悉过这样的生活，而对宝宝来说，一切都是那么新鲜。家里明亮的灯光、电视机响亮的声音，特别是爸爸妈妈快速变化的声音和动作，都能让宝宝异常兴奋。城市里的生活节奏非常快。即使爸爸妈妈意识到了这一点，但是要放慢脚步也是一件不容易的事。妈妈们经常会讲到丈夫下班回家后，他俩一起共进晚餐的情景，对于宝宝来说，这意味着会听到新的声音，闻到新的气味。宝宝会睁大双眼，显得很好奇，也很兴奋，完全不想睡觉。此时，要让宝宝安安静静地躺下睡个觉，会非常困难。

单身妈妈们经常会说，宝宝在晚上入睡完全没有问题，这是因为她们的夜晚太安静了。另一些妈妈也证实了这样的说法（原因是她们的丈夫离开了好几周，去国外出差了）。这些妈妈刚开始会觉得，没有了丈夫的帮助，在睡觉时间，她们真不知道该如何应付——之后，她们会发现，事实上这比以前更简单，因为夜晚不再有那么多刺激。还有一些妈妈会发现，当先生和大孩子们在傍晚回到家，整个家里一下子就热闹起来了，此时宝宝会变得异常兴奋，加之白天他已小睡了一会，所以完全没有任何睡意。

当妈妈把孩子从城市带到乡下，她会非常惊讶地发现，宝宝的睡觉习惯会发生彻底的改变。

我们一家在西班牙度假。我们选择了一处偏僻的住所——树林旁边一幢可爱的小木屋，这里只有先生、我和宝宝。我们没有太多的活动，因为确实没什么可干，我们的生活节奏完全慢下来了。我发现，宝宝的节奏和在伦敦时完全不一样了，因为我平时总是会不停地看表，在特定的时间完成计划好的事。在伦敦，你会有很多选择，我非常喜欢。但是在西班牙，我感觉非常轻松。宝宝的节奏慢下来之后，我和先生也好好休息了一下，似乎我们一家每天都是同时起床。(小王子，11个月)

如果没有各种焦虑，妈妈的大脑可能会永久迟钝下去

在传统社会里，其他家庭成员通常会和妈妈一起共同带孩子，妈妈娘家的女性亲戚也会前来帮忙。但是，在现代社会，这些亲戚都没空来帮忙，因为她们可能都有自己的全职工作。传统社会中，新手妈妈首先求助的人——自己的妈妈——也很可能整天都要工作，还没到退休的年纪。如果彼此住得不远，新手妈妈可能会和自己的妈妈一起，想出一套特殊的方案来带孩子，但是这种状况并不像我们所认为的那么轻松。

对于那些仍然生活在传统家庭中的妈妈来说，其他女性亲戚会为她分担带孩子的责任。妈妈睡觉时，亲戚们就会带着宝宝。从这一点来讲，妈妈确实得到了实实在在的帮助，但是她们也会感受到一些随之而来的麻烦。妈妈们通常会觉得自己在得到帮助的同时，也付出了代价。换句话说，用这种传统的方法来缓解妈妈的疲惫，可能并不适合今天的妈妈，因为她们都很看重自己的决定。

此外，我们的工作结构也发生了变化。现代的大多数工作都要求，妈妈在工作时，不能带着孩子。在宝宝还未满周岁前，绝大多数妈妈都会回归工作岗位，这意味着她们会同时过着两种不同的生活：即使在工作，她也得随时等候宝宝的召唤；即使在休息，她也不能像其他没有孩子的同事一样轻松自在，而是必须“随时关注”孩子的需求。作家梅丽莎·本恩说：“对在职妈妈所做的每一项研究都表明，我们可以发现妈妈们已经达到了忍耐的极限。”

对于从事脑力劳动的女性来说，她们会遇到更大的困难。现如今，如此多的女性都接受过高等教育，这是前所未有的。当妈之后，这些女性会发现自身发生了巨大的变化。

我完全不能集中注意力看书。（小公主，6周）

我的大脑是体现我自己身份的一个重要部分。现在它完全变迟钝了。我只能随它吧，我坚信有一天它会回到最初的状态。我只能这么说了。（小公主，3个月）

我走来走去，脑子一片空白。（小公主，6个月）

最近的一些研究证实了妈妈们的描述。艾伦·霍布森曾这样写道：“睡眠是由大脑拥有、控制并享受的一项活动。”所以，不难理解，从事学术研究的女性在缺乏睡眠时，会感到特别迷茫。当然，如果她们事先心理上已有所准备，并相信这只是一种暂时的状态，那么她们就不会这么恐慌。带孩子是相当不易的一件事——如果没有各种焦虑，妈妈的大脑可能会永久迟钝下去。

此外，宝宝睡觉的地方也发生了很大的变化。在传统社会里，宝宝通常是挨着妈妈睡，但是现如今，在西方社会，宝宝通常会被“安置”在自己的小床里和单独的房间里。这会让妈妈相当疲惫。夜里宝宝需要吃奶时，她必须起床，然后走到宝宝的房间。除此之后，如果她需要留意宝宝的哭声，或婴儿监控器中发出的声响，那么她肯定不能睡得太熟。一些妈妈在迷迷糊糊的状态下就能给孩子喂奶，几乎不用把自己弄醒。

比起带孩子，工作可容易多了！

一些妈妈会说，在夜晚被宝宝吵醒，是一件极其痛苦的事。也许，并不是所有接受过睡眠训练的宝宝在长大后，都会变成痛苦的家长——如果睡眠被宝宝打断，就会感觉极其痛苦。但是，有些人的确是这样。

这些人在有了孩子以后，仍然会认为，晚上绝对要保证自己充足的睡眠时间——她们在准确地讲述到底需要多少小时的睡眠时间时，声音会变得急促，音量也会提高。同时，她们会因为宝宝夜晚的啼哭，而感到极其痛苦。

我在小的时候，就属于那种一觉能睡到天亮的宝宝。我需要 8 个小时的睡眠。但是，现在我只有 5 个小时，这是一种折磨。我感觉这是一种绝对的折磨。（小王子，4 个月）

白天，我可以应付过来，我感觉很开心，对自己带孩子的方式很满意。但是一到晚上，我就完全变了一个人。（哭了）儿子不睡觉，我快疯掉了，我完全不能应付。（小王子，9 个月）

这些妈妈的内心非常矛盾。一方面，在夜晚听到宝宝的哭声，她们会很痛苦，想要快速地做出回应；另一方面，她们似乎又会感到儿时那种古板的睡眠训练所带来的压力——

无论怎样，都得一觉睡到天亮。有几次妈妈告诉我，她们之所以能够应付，是因为晚上有丈夫的帮助。相比之下，她们的丈夫似乎掌握了更加灵活的睡眠方法。当这些妈妈把夜晚醒来看作是一种极大的“错误”时，如果有人能给予她们鼓励和安慰，这对她们来说一定会有所帮助。

我们可以对宝宝进行睡眠训练，让他们保持固定的睡眠时间，以满足社会的需要。这种做法能够解决暂时的难题，但是宝宝在成年之后，很难具有好的适应能力。

在夜晚，困扰妈妈的难题并不只是当时的疲惫，还有妈妈的焦虑，她会担心第二天没有足够的精力。对此，妈妈们喜欢提前做好计划。

我在想，我怎样才能撑到这一天结束？怎样才能撑到这星期结束？这个星期之后，又会有下一个星期一、星期二，还有下一星期，还有下一年。我要如何对应呢？（小公主，2个月）

每天早上我一睁开眼，就得为两个人考虑，想想应该怎样过这一天。（小公主，5个月）

对于在职妈妈来说，她们似乎更能感受到带孩子时的疲惫。

保姆生病了，所以我必须回家带孩子。过了一个小时，我就感觉筋疲力尽了，才去冲杯咖啡的力气也没有。比起带孩子，工作可容易多了。（小公主，7个月）

感到疲惫的妈妈们都是失败者吗？

大多数人的生活中，都有两个完全独立的活动“空间”。

在工作场所，他们会保持工作状态，这与他们在“空闲”时的做事方式完全不同。即使是在家工作的人，通常也会清楚地区分工作时间与休闲时间。这样的区分会让人精神焕发。从一种场景切换到另一种场景，我们可以获得短暂的休息，然后当我们再次回到原来的场景时，便会感觉精力满满。但是，在孩子出生后，妈妈通常会发现，自己的生活中只剩下一个活动“空间”，这让她很难适应。

在与宝宝相处时，如果妈妈遇到了难题，她会发现，找不到一个完全独立的空间，来供自己思考和恢复精力。她甚至没法知道问题是什么，因为没有任何词和表达能描述它。许多妈妈说，她们有种被“困在”家里的感觉。她们之所以有这种感觉，也许是因为她们失去两个独立的生活空间。一些妈妈会回归工作，并不仅仅是为了钱，而是要“保持正常”。要是从早到晚都得在一个活动空间里周旋，这会让人难以接受。

面对危机时，为什么疲惫的妈妈能够很好地应对？这也许就是其中的原因。从本质上讲，危机就是特殊情况，有着自身特有的规则。处理危机时，妈妈可能会感到压力，但是她同样也能重获精力。科研人员对一些女性（还没有孩子）做了测试，结果表明，虽然研究对象严重缺乏睡眠，但是她们在紧急情况下能很好地做出反应。妈妈们在这方面也是相当出色，她们讲述了一些自己获得非凡精力的经历，尤其是在宝宝生病的时候。

如果不睡觉，你会感觉相当难受。所以我待会儿要讲的意思，不是说睡觉不重要。但是，儿子生病的时候，我真的会想，他可能没法好了。这时，我根本不会在乎自己能不能

睡觉。(小王子，7个月)

不知怎的，你全身又会充满力量。女儿生病的时候，我整晚都抱着她，直直地坐着，她喜欢这样的方式。我一放下她，她立马就会尖叫。(小公主，10个月)

我们平常的生活并没有太多的戏剧性，相反，它是持续不变的。妈妈必须调整好自己的节奏，以适应这种持续的生活。在面对危机时，妈妈需要突然“变形”。如果没有危机的出现，她和宝宝的生活似乎是混乱一团，没有任何“形状”。白天就是黑夜，平日就是周末，一切事情都是反反复复，可是，到头来似乎什么都没有做成。

奇怪的是，妈妈们通常都没有意识到，其实许多妈妈都有这样的情况。例如，妈妈经常会带着宝宝去公园玩，或者去购物，以此来调节她和宝宝的情绪。

有孩子似乎是一件再平常不过的事了。所以，带孩子似乎并不是如此的困难，能干的女性都应该能够应付过来。的确，在整个世界上，我们不会随时见到精疲力竭的妈妈。如此一来，结论似乎就很明显：感到疲惫的妈妈都是失败者，她们的疲惫就是一个很好的证明。

大多数妈妈都很疲惫，这是妈妈们共同的领地

如果我们将妈妈与另一组疲惫人群做个对比，我们会发现一些很有意义的东西。和妈妈们一样，医学生和住院医师在晚上也不能安安稳稳地睡觉，但是他们受到的精神影响与妈妈们受到的精神影响会截然不同。“通常，医学生和住院医师谈起他们的无眠之夜时，就像是在展示自己的荣誉勋章，

这是他们恪尽职守的标志，这也是在向所有人证明，他们的牺牲理应让医生这一职业获得崇高的地位。”换句话说，医学有着崇高的地位，为了这一崇高的事业，牺牲睡眠也是值得的。然而，如果我们的事业是照看孩子，情况会是怎样的呢？妈妈没有接受过任何培训，也不用通过考试来获得资格。同时，她也不会得到高薪。她负责的只是一个小小的婴儿，而不是整个病房的病人。因此，妈妈可能会感到气馁，身心疲惫。她低落的情绪又会加重她的疲惫。

或许，这就是为什么妈妈需要彼此倾诉，才能重新获得力量的原因。

我可以给你列举出很多我在疲倦时干的蠢事。比如，我把咖啡倒在了麦片里。再比如，有一次我带儿子去商店换裙子，因为尺寸不对，当我走到那里时，才发现我把裙子忘在家里了。（小王子，4 个月）

我就想睡觉。此刻我想的就是睡觉。（小公主，5 个月）

晚上，女儿每隔一个半小时就会醒一次。我太累了，完全不能动了。喂完奶之后，我想去拿杯水喝，但是我太累了，手都抬不起来。（小公主，5 个月）

这样说可能很不好，但是我真想晚上的时候把女儿打包送走，早上的时候再把她取出来。我太想睡觉了。（小公主，6 个月）

儿子不睡觉的时候，我在想我快死了。我知道我不会真的死掉。我只是感觉我无法挣脱。（小王子，6 个月）

在白天的时候，我真不敢相信晚上的感觉是真的。那会儿我太累了，我感觉自己快撑不住了。这听起很可怕，但是

我当时真是希望上帝能把我带走。（小王子，6个月）

没有当妈妈的人不准说累！（小公主，6个月）

对于与日俱增的疲惫感，妈妈们做出了上述的描述。但是，它对妈妈的影响，我们尚不清楚。正如我们看到的那样，妈妈在面对紧急情况时，也能出色地应对，但和医生一样，疲惫的时候她们也会对着家人和朋友发火。

我对着先生大喊："我根本不在乎你！我也不在乎女儿！我只想好好睡上一天！"（小公主，6个月）

尽管妈妈们会大声地表达出自己的强烈情绪，但是对于本书中提到的妈妈们，没有任何一个出现过精神崩溃或不能应付的情况。承认自己的情绪也属于处理问题的一个部分。当一位妈妈讲到自己是多么疲惫不堪时，如果在场的某位妈妈想传达"正能量"（比如，告诉那位妈妈她应该多想想得到的好处，而不应该总是抱怨。），那么其他妈妈一定会礼貌地告诉这位"正能量"妈妈："你肯定过得没我们那么艰难。"当一位妈妈在抱怨自己的疲惫时，在场的绝大多数妈妈都会给予她百分之百的同情。大多数妈妈都会承认自己的疲惫，这是妈妈们共同的领地。

如果妈妈说自己感觉极其疲惫，这意味着她还没有认识到这一点。她原来的生活方式似乎还"活着"，而宝宝似乎只是一个暂时的小插曲。只要她能"管理好"宝宝，那么她的生活就能回到以前的状态。正如下面的这位妈妈所说：

……
我根本不在乎你！
我也不在乎女儿！
我只想能好好睡上一天！

如果你没有感到疲惫，如果你有充足的精力，你就会不停地忙前忙后，做所有你认为必须做的事，或者你喜欢的事——然后，你就会感到非常疲惫，不是吗？（小王子，4 个月）

在一次聚会上，有几位新手妈妈正在讲述她们有多疲惫，在场的还有另外三位妈妈，她们的孩子年纪要大一些，都在8到14个月之间。这三位妈妈静静地在听新手妈妈们的讲话。过了一会儿，我问这三位妈妈，她们是不是一开始也很疲惫，答案是“当然”，我又问她们，那么现在是不是还感到那么疲惫呢？她们的回答是：“没有了”。我对她们说，如果你们已经找到了问题的解决办法，能不能给新手妈妈们一些建议呢？这三位妈妈异口同声地说：“接受它！”之后，她们三人互相看了一看，她们在这次聚会前可从来没见过。她们很难相信，三人的口中居然会说出同样的话。

我又问了她们更多的细节问题，她们的回答很相似：

“你只用调整好自己。你必须这样做。”

“宝宝不能改变睡眠方式来适应你，所以你必须改变你的方式去适应他。”

“以前，我老是觉得，自己每天晚上必须睡够9个小时，我真的是必须那样做。现在，如果我能睡上6个小时，就感觉很幸运了。但是我现在完全可以应付过来。为了生存，我必须这样做。现在女儿睡觉时，即使我白天不想睡觉，而且也知道有很多工作要做，但是我还是会睡一会儿。我明白，必须把事情放一放，睡觉可是最重要的事。”

这就是你现在的生活

妈妈们会找到各种各样的解决办法。并不是所有的妈妈都会选择在宝宝睡觉的时候补上一觉，这只是其中的一种做法。最主要的还是态度上的转变。

当你内心不再抵抗，并且告诉自己："这就是你现在的生活"，你就不会感到那么沮丧，那么疲惫。但是要坚持下去，确实很难。（小王子，5周）

这些话我只能讲给自己听。我不知道对其他人是否会有帮助。儿子在晚上会醒来很多次，我非常疲惫。之后，不知怎的，我接受了这种状态。我想："如果儿子想在晚上吃奶，那就是他的需求，我不应该限制他的这种需求。"然后，不知怎么地，我就可以应付了，我找回了精力。一旦做了这样的决定，我就发现，事情没那么糟糕了。（小王子，3个月）

先生，儿子和我每天早上都是8点起床。我们会起来活动一个小半小时，然后在九点半，我们三个人又回到床上躺了两个小时。我们和公公婆婆住在一起，我知道他们不会同意这种做法，但是那个时候，他们都会出门。刚开始，这种感觉就像是："这简直是无所事事，我以前的生活去哪儿了呢？"但是之后，当我打消了负罪感，并且接受了现在的生活方式，我就感觉轻松多了。（小王子，8个月）

对于妈妈来说，帮助宝宝入睡更像是一个技术活。

当儿子有些睡意时，我们就躺在床上，我面对着他，把眼睛闭上，所以他能看见我闭上的眼睛，然后他也会闭上眼

睛，接着就睡着了。（小王子，2个月）

我总是会在女儿的旁边放上一件我的旧T恤，上面有我的味道，这似乎会让她睡得久一些。（小公主，4个月）

如果我发出响亮的呼噜声，儿子很快就会入睡。这说明我家必须有大量的鼾声才行。（小王子，6个月）

一些妈妈以前不愿接受他人的帮助，在她们做出巨大调整之后，她们克服了这样的障碍。许多妈妈认为，在处理事情时，应该学着像宝宝那样简单。

一位朋友来看我，我们聊得很开心。刚才她要走的时候，我才意识到，我应该让她帮我照看一下儿子。那时如果再叫她，已经太晚了，我很生自己的气。因为我平时还在上班，人们觉得我很能干。在大家眼中，我不是那种需要帮助的人。我朋友让我明白了，如果我需要帮助，需要更加坦诚地告诉朋友。（小王子，4个月）

以前，每天我都感觉很难受，比倒时差或者喝醉酒还难受。我婆婆过来住了几天，她带着儿子，所以我可以补一下瞌睡。有两天早上，我都比平时多睡了两个小时，而且下午我也小睡了一会儿。我也知道，我可以想睡多久睡多久，因为婆婆喜欢带着儿子。所以那几天，我补了补觉，现在感觉非常好。（小王子，4个月）

有一天，我感觉很绝望，所以我打了电话给先生。他还在上班，但是我命令他快点加来带儿子，这样我就可以睡觉。（小王子，5个月）

先生抱着女儿跳舞，然后女儿就靠在他的肩头上睡着了。他们听着音乐，但是女儿不喜欢宝宝的音乐，她喜欢一种特别爵士乐。（小公主，9个月）

为了让宝宝在晚上能乖乖地睡觉，一些妈妈会使用到睡眠训练、“抑制哭泣”或者“自我安慰”等方法。然而，妈妈们通常还是会选择一种方法，因为她们急切地想要找回规律的生活，于是她们会坚决地执行这种方法，尽量让它在宝宝身上发挥作用。然后，她们会感觉到自己又重新主宰了生活。

母爱的种子有了土壤，妈妈只需静待花开

生活中，妈妈们总会听到很多有关其他妈妈和宝宝的成功故事，感觉别人总比自己做得更好。

我的一个朋友告诉我，她的宝宝晚上能连续睡十个小时。我感到很羡慕，于是就想：“为什么儿子不行呢?”那天晚上，儿子又醒了，和平常没有什么不同，但是我却感到非常生气。我给他喂了奶之后，他又睡了，但是我太生气了，一直不能入睡。现在回想起那天晚上的事，我发觉，只要不把儿子和其他宝宝做比较，我就会很好。我们不能去做这样的比较。如果我接受儿子现在的样子，我就能成功地应付。（小王子，5个月）

对于在职妈妈来说，她们必须找一些养精蓄锐的好办法。通常，她们会中止自己的惯常活动，比如，不再把额外的工作带回家，或者下班后不再和同事小聚。许多妈妈说，比起从前，她们对工作的热情会有所减少。

大家看我的眼神很奇怪，就因为我在下班后不再参加任何社交活动。只要一到5点，我就会离开办公室，回去带我的女儿。（小公主，8个月）

除了妈妈们找到的这些方法外，你还会发现其他一些节省精力的好办法。但是，这样一来，大家会觉得，疲惫总是可以找到办法来缓解的。但是有时候，事实并不是这样的。一岁左右的宝宝通常在白天会非常活跃，晚上则会频繁地醒来，他这样做并没有什么特别原因。这时，虽然妈妈很想睡觉，但是同样又很想安慰宝宝，因为宝宝需要她。我遇到过很多这样的妈妈，她们牺牲了自己的睡眠时间，每晚都会无数次地醒来，因为宝宝哭着要找她们。但是糟糕的是，这些不辞辛劳的妈妈居然把自己看作是失败者。的确，妈妈选择牺牲自己的睡眠，这是多么慷慨无私的行为，因此她理应得到大家的尊重和敬佩。

随着宝宝的长大，妈妈会发现这样的情形。这时，孩子在白天可能会非常独立，但一到晚上，他就会想妈妈。妈妈们通常希望，无论白天还是晚上，宝宝都能一个样。许多妈妈会认为，既然宝宝白天很独立，那么晚上他也应该非常独立才对。所以，如果妈妈发现她九个月大的宝宝在晚上比以前更依恋她时，她会因为疲惫而感到伤心，认为她和宝宝都“退步了”。但事实上，妈妈和宝宝并没有退步。这种状态更像是一个钟摆：如果摆出去的幅度很大，那么回来的幅度也会很大。

我们经常会听到妈妈们讲起自己的愤怒，她们生气的对象不是小婴儿，而是九个月以上的宝宝。这是因为妈妈们通常会觉得，在艰难的前半年结束之后，接下来的半年时光会更加轻松。但是，宝宝们的成长，并不总是遵循这种有序的节奏。一个九个月大的宝宝还是会强烈渴求得到妈妈的关爱。许多妈妈发现，在这一阶段，她们必须改变自己的生活。带孩子的过程并不像是日常生活之外的一次长假，它本身就是日常生活的一部分。因此，妈妈会放慢生活的节奏，但是母子二人反而会比以前更和谐。此时，母爱的种子有了土壤，妈妈只需静待花开。

我不停地忙前忙后，似乎整个人都要被掏空了。平时，我每天都喜欢做点自己的事情，但是有一天，我试着放弃了自己的节奏，完全按着女儿的方式来做。我们待在家，然后给她喂奶，她想吃多久我就让她吃多久。我感到非常开心、内心很满足。（小公主，5个月）

我感觉像是过了一座桥。现在，儿子晚上还是要吃奶，周围的每个人都在说我这样做不对。但是，这个星期我在网上发现了一个网站，读了上面的信息，我发现宝宝儿子没什么特别。他就是一个正常的宝宝。过去，我会记下夜间喂奶的次数。现在我看着儿子，心里在想："你要吃多少次，就吃多少次吧。"现在我不再有任何担心，也不再感到疲惫。我看着吃奶的儿子，真是太爱他了。（小王子，6个月）

我在找一份文件，找得我都快疯掉了，因为我太累了，完全记不得放哪儿了。儿子在嗷嗷地叫，想让我抱他。后来，我把他带到了书房，因为我坚信在那儿能找到文件。但是我还是没找到。之后，我注意到了儿子看我的眼神，我心想："嘿，你蠢了吧！到底是儿子重要，还是文件重要？"我走过去，把他抱起来，紧紧地搂着他，感觉非常放松。这时我一下就想起文件放哪儿了，我终于找到它了。（小王子，7个月）

妈妈们通常会想，要是自己不止一个孩子了，那该怎么应付呢？疲惫程度肯定会翻倍吗？但是，妈妈们通常会发现，在有了第二孩子后，自己的疲惫并不是因为缺乏睡觉那么简单了。有了第二个宝宝，她可能还是会睡眠不足，还是会感到疲惫，但是和带老大时的感觉安全不同。她和老大已经为家庭体系的创建搭好了平台，老大很可能还会帮助妈妈与弟弟妹妹“周旋”。所以这时，妈妈并不需要经历像以前那样的巨大转变。

当妈妈跟家人和朋友抱怨她的疲惫时，她们有可能是想得到帮助。家人和朋友可能会根据自己的想法，为她找出一些导致疲惫的原因，希望对她能有所帮助。但是，也许妈妈最需要得到的帮助就是耐心的倾听。如果她没有询问大家的建议的话，那么很可能她并不需要。

摊上带孩子的事，确实是又累又睡不好。但是，如果大家能承认它的困难和复杂，那么也许妈妈们就能更好地应付。如果妈妈说她缺乏睡眠，这并不是一个失败的信号，相反，这说明她把孩子带得很好。我认为，妈妈们之所以会感觉疲惫是那么真实、可怕，是因为她们没得得到应有的尊重，不得不在这样的环境下苦苦挣扎。宝宝可能会让她感到疲惫，但是如果我们对她的疲惫漠不关心，那么，让她精疲力竭的真凶，可能是我们。

第八章

不知道孩子想要什么，妈妈该怎么做

我不得不放下脑海里对女儿的一切设想

我们可以找到一个词概括所有宝宝吗？有些人说他们甚至都无法看出新生儿之间的不同。但是那些天天接触婴儿的人却说，他们能够发现婴孩之间细小甚微的差别。

对我们而言，刚出生的宝宝是未知的。新生儿的反应是最直接的。通过啼哭或身体语言，他向人们传达一目了然的信号："心情出奇的好！""对这个不确定"或"情绪糟糕"。多年以前，我们也曾使用这样的语言。而作为妈妈，我们发现我们又一次接触到了这样阔别已久的语言。

妈妈们说阻碍她们了解孩子的不是实际沟通的困难，而是现实与她们的期望相悖。

当她刚刚生下来的时候，她是一张白纸。我读了所有我能找到的书，问了我认识的每一个人。当时我才恍然大悟她想要什么。我的问题是我想当然地觉得她不需要那些东西。但是她跟书里的那些孩子都不一样。现在我正在学着接受她是什么样的宝宝，并且了解她所想要的。那么一切就如顺水推舟一样，容易多了。(小公主，8个月)

在开始的时候，母亲难免会不明白孩子想要的是什么。每一个孩子都会在新的方面让妈妈发现惊喜。曾有一个妈妈打电话来咨询我有关哺乳的事情，作为这方面的辅导员，我帮助她分析了她孩子的举止。她说："我这个儿子跟之前的每一个孩子都不同。"她说话的时候，我清楚地听到电话那头有孩子吵吵闹闹的声音，然后我就问她有多少个孩子，她回答："十个。但是这个最小的儿子跟之前的那九个都不一样。"看来，尽管这个妈妈经验丰富，但是她仍然在不懂的方面虚心学习，所以才意识到自己还有很多地方要学习。

在与小婴儿接触几周之后，他的妈妈可能会甚是自豪地说：“我知道宝贝喜欢这样东西多过那个。”这种观察与心理学家专业细致地对宝宝进行试验研究是不同的。妈妈对孩子的观察是具有偶然性、特殊性的，不具备普遍性。

难道妈妈们的观察发现就没有任何科学性而言吗？从某种方面来说，妈妈们不得不更加科学地抚养孩子。一个妈妈，就像一个研究者一样，用最能接受新鲜事物的心态来研究这些。

我不得不放下脑海里对女儿的一切设想。上一秒她还是个安静的乖娃娃，下一秒她狂躁的情绪就蓄势待发。这是我根本就没有想到的。（小公主，2 个月）

我莫名其妙地就会有背着个背包，把儿子放里面然后潇洒游世界的想法。但是这样的想法一会儿就没有了，因为带他出门他会兴奋地咕咕哝哝，然后，我们就只能回家了。（小王子，5 个月）

我儿子把我们从他的床上赶走，他喜欢一个人占有他的领地。我曾经幻想过他时时刻刻都需要我们的画面，但是事实并不是这样。（小王子，13 个月）

我希望我女儿不要再说“不”了，我每次问她什么她都说“不”。我一直觉得她不应该这么说。在我看来，我们很少这样直白地说这个词，我们都会说：“这样可能不大好。”（小公主，16 个月）

我以为，我一直都知道女儿想要什么。但是不一会儿她又不满足了，又想要新的东西。我觉得我根本跟不上她的节

奏。(小公主，2岁)

换句话说，那些认真分析孩子发出的“信号”的妈妈，都会否定之前心里的设想。关于孩子，她有说不完的话。让我吃惊的是，通过聆听而在脑海中建立起的清晰框架和妈妈们所叙述的内容基本是一致的。

宝宝加油！ 你可以的！

从妈妈这里我了解到，不论宝宝想要的是什么，他们都是情绪激昂的。那么，孩子最想要的到底是什么呢？他们并不喜欢我们总认为他们只是小小的新生儿，并用这样的方式对待他们。他们希望我们能一直给予他们关注。他们以自己的视角来认识父母并获得大人的关注。换句话说，宝宝们想要确实是些不一样的东西，但并不是我们无法给予的东西。

给宝宝留有独自的空间是一个适应性的目标。它并非依靠于什么特殊的先决条件。它并不看重妈妈们争论的那些问题，比如说，妈妈是否该辞掉工作全职带孩子，她该给孩子喂母乳还是奶粉，孩子晚上是该跟父母一起睡还是从小就自己睡……一个健康的小宝宝应该是可以有能力适应其中的某一项能力的。

这与普通的育儿书籍上所说的不同。有些时候宝贝们会被描述为贪心的、费精力的、毫不掩饰地贪婪的。确实，宝宝对于所能够提供给他的东西总是很渴望。妈妈们会发现，孩子并不是看着时钟而决定是吃奶还是睡觉，他有自己的生活规律和模式。这时候妈妈就会发现，孩子的这些举动并非贪心而是有规律的。

新手妈妈们会尝试着找出孩子要喝奶、睡觉、活动的时间规律。而孩子也在尝试着了解自己的妈妈。妈妈们发现，在有了基本的了解之后，可以与宝宝进行简单的沟通，宝宝也会减少无意义的哭闹且趋向安静。这种了解有益于建立真正和谐的亲子关系。初期对吃喝拉撒的了解是为后期进一步沟通交流做铺垫。

这些年，我很荣幸听到妈妈们跟我详细叙述她们初期探索的发现。确实很难衡量这部分的价值，最起码无法用物质来衡量。所以我节选了几个妈妈们跟我谈话的片段。我希望这呈现出的并不是一个和谐的画面而是有趣的画面。我尤其希望能用以下例子来反驳宝宝贪心、自我的形象。

在出生之后，宝宝就要开始学习如何生存。最基本的就是如何吸吮、喝奶，不要被呛到或被卡住。妈妈们是这样描述宝宝学会这些技能的过程的。

我儿子很焦躁。他总是想坐起来。他想要我一直扶着他坐着。如果我把他放到床上，他会生气的。就好像他在说："你不可以这样做！我不是小宝宝了！"（小王子，4 个月）

任何事情都能让他高兴。他喜欢站着甚至直到腿部僵硬。（小王子，5 个月）

宝宝在学爬，所以我把他放到地板上，跟他说："宝宝加油！你可以的！"但是我发现，在学习爬行之前，他好像已经熟练掌握了另一项技能——他可以牢牢地抓住一样东西。我看到他正抓着一样东西想拖到他坐的地方。我当时真是惊讶极了！我很庆幸当时没有一直强迫他学爬，不然，我就会错过孩子的这次成长。（小工了，6 个月）

你注意到我的女儿多么泰然吗？她永远都在尝试新鲜事

物。如果她发现她做不来，她马上就会转移目标。她甚至都不会跟大人示意寻求帮助。当她成功的时候，她也没有特别欣喜。就好像她一直都知道自己可以做到似的。（小公主，8个月）

妈妈接触到的是一个复杂的人类

有些人认为，刚出生的小婴儿并没有这种“想要”的想法。他哭仅仅是出于本能。这一观点的拥护者之一就是西格蒙德·弗洛伊德，他认为这一阶段的宝宝仅有非文明意识。他详细地记录下他的想法：如果一个小婴儿可以说话的话，他会说这个时候吸吮母亲的乳头是他人生中最重要的事情。小宝宝们常会被类似弗洛伊德这样的人认为是没什么思想的，仅仅关注食物。

妈妈们证实这一点了吗？她们大量的时间都用来哺乳孩子，还会讨论如何喂养。有人会希望妈妈们能站出来拥护弗洛伊德的观点，但是她们并没有这么做。从妈妈这里，我们了解到了另一番景象。喝奶对于宝宝来说极其重要，因为这能帮助他们在出生的五个月内将体重翻倍。幸运的是，宝宝们也很享受吃奶这件事。但同时他们好像也有别的事情要做。妈妈们是这样描述刚开始的几个月的：

怀孕期间，我每天都听大提琴音乐，这让我身心放松。现在，只要我一播放这个音乐，哪怕正在大哭，女儿也会马上安静下来。（小公主，3周）

宝宝在他的小操场玩耍。他好像忽然学会了瞄准，然后出拳击打某物。整整一个小时，他都在玩这个游戏。然后他睡着了，睡得特别久，到了喂奶的时间都没有醒来。我一下就慌乱起来。我马上打电话叫助产士过来。她看过了之后说，孩子没事，只是玩得太累睡过去了而已。（小王子，7 周）

一位妈妈带着孩子去拜访她的一个朋友，朋友的孩子眼睛是失明的。在她离开的时候，她的朋友说："我的宝宝在朝你笑呢。"可是她并不这么觉得，因为朋友的孩子并不在看着她。忽然她想起这个宝宝是失明的。可能孩子是循着声音发出的地方微笑。这时候她就觉得，孩子确实在朝她微笑。

我曾有患过乳腺胀肿。那时候医生就建议我不要母乳喂养，换成用奶粉喂养。刚开始的时候，我觉得这样会影响我和孩子之间的关系。宝宝会认为我不那么重要了。但是后来我发现，我错了。我们之间的亲子关系并非建立在食物的供给上的，而是建立在我对她的养育和理解上的。我是那个可以真正理解她，并且她也能毫无保留地表达她所想要的人。（小公主，4 个月）

这些妈妈并不是仅靠直觉说话的人。妈妈接触到的是一个复杂的人类，尽管孩子还小，但他和大人一样复杂难测。

大部分宝宝会用特别简单的方式来传达对母亲的喜欢。在跟妈妈在一起的时候他们会特别愉悦。在谈到宝宝的时候，妈妈们都是较为尊重的语气，就好像谈论到另一个成年人一样。

我女儿不喜欢一个人待着，所以，哪怕是去卫生间，我都会带着她。我现在能够十分熟练地用一只手脱裤子，另一只手扶着她站在我的膝盖上。（小公主，3 个月）

宝宝跟我们一起睡，早上，她会捏我的鼻子，把我弄醒。我记得，在我还是个孩子的时候，我在自己的床上醒来时，

就会觉得空虚难过。我觉得，如果宝宝不和大人待在一起的话，她也会感觉很空虚的。(小公主，8 个月)

在与妈妈相处的过程中，宝宝可以学到很多东西。

他总是在说“斯……”，我就想为什么会一直发这个音呢？后来我意识到，这是因为我喜欢说“这是……”。这让我明白了，儿子一直都在观察我并且从我身上学这些东西。(小王子，7 个月)

有一天晚上我问我先生：“现在几点了？”然后我看到女儿立即看了一下她的手腕。当然她不可能知道时间，她也没有手表。我特别震惊，没想到这么细小的事情她都注意到了，而且还学会了。(小公主，15 个月)

大人的一举一动就是孩子的模仿对象

一个妈妈告诉我，她带着还不到 2 岁的女儿从外面回家。在路上，她脑子里忽然想起了要把一段乐谱带回家弹奏，但是女儿却走得很慢。等到她终于进门的时候，她立马脱掉大衣坐到钢琴前开始弹奏。以往她女儿都是像小尾巴一样跟在她身后的，她以为女儿会乖乖坐在钢琴旁看她弹奏。但是这次女儿居然跑到卧室里翻箱倒柜弄出一系列的声响。过一阵子后，孩子戴着一顶复古风格的帽子从卧室里走了出来。她急匆匆地跑到妈妈身边，挣扎着坐上凳子，也开始用小手在钢琴上弹奏。这时这个妈妈才意识到，自己匆匆脱掉了大衣但却没摘下自己的帽子。她的女儿肯定注意到了这一点。然后她就认为，“演奏音乐时要戴着帽子，这是社交礼仪所需要的。”根本不用问为什么，大人的一举一动就是孩子的模仿对象。

如今的宝贝们要学习的东西太多太多。他们一直都在向身边所爱的人学习，并且有各种各样事情要学习。日常生活中，他们不单单是与大人相处，也不单单是学习。聪明的孩子们将这两者结合了起来。而这一过程也是孩子所需要和所想要的。

一个母亲也许意识到了孩子在成长过程中要学很多东西，但是却未必意识到孩子会从自己身上学到多少东西。这两者的关系密不可分。父母是孩子的第一任老师、最直接的学习模范。她可能没有意识到行为举止中什么是应该在孩子面前做的、什么又是坚决不能做的。她当然要有无限的耐心，哪怕忍无可忍。同时，她也会用话语、声调和反应来体现她的价值观。宝宝们就从这样的细节之处中学习。

音乐是孩子的早期教育之一

音乐是孩子的早期教育之一。起初，音乐教育的形式是摇篮曲。尽管有些妈妈并不喜欢音乐但是她们也为孩子哼唱过摇篮曲。从来没有一个妈妈跟我说她从不唱歌的。当我问到妈妈们是否唱歌给宝宝听的时候，回答通常是：“唱呀，虽然次数不是很多。”“可能都算不上唱歌，但是我儿子喜欢。”“我给女儿唱一些没什么意义的小曲，如果被别人听到了，我会觉得不好意思的。”

当儿子静静不说话的时候，比如沐浴完之后，我就会给他唱歌。比如：“宝宝，我在给你穿袜子呀～穿袜子～穿袜子。”他就喜欢这样的“歌曲”。（小王子，3个月）

我唱："泰迪小熊去野餐～"然后，我女儿也会咿咿呀呀地重复这个曲调。（小公主，3个月）

我可以把正在做的事情都唱到歌里。我挺讨厌被别人听见的，因为这样他们会觉得我疯疯癫癫的。但是，我的宝宝喜欢！于是，我边做事边唱歌，宝宝会根据声音判断我在哪里，这会让他感到安心。（小王子，3个月）

当我打开收音机的时候，女儿就会挥舞着小手，像是想要抓住空气中的音符一样。（小公主，6个月）

宝宝有一个小手鼓，这是他最心爱的玩具。（小王子，14个月）

孩子对于音律的渴望似乎是与生俱来的。在伦敦，有好几个社区音乐团都是为了宝宝建立的。有些音乐家仅仅是孩子，他们可以创造出来的音律远比一个会唱歌的妈妈丰富。然而，我们欣喜地发现，妈妈们不是为了教育孩子而唱歌，而是自然地将唱歌视为生活的一部分。

亚里士多德曾说过："音调感与节奏感也是出于我们的天性。"他认为，诗的音律也是一种节奏。他发现，人类自从孩童时代起，就很喜欢变化的事物和有表达功能的东西。

从妈妈的观察中我们得知，孩子从很小的时候就可以具有这样的能力。在能够用绘画或语言表达出复杂思想之前，我们就已经有能力分辨出两个比较相像的事物了。我接触到的一个例子就是一个21个月大的小男孩，他抓住一个青蛙玩具，然后像拧盖子一样转动青蛙的身体，青蛙玩具的四条腿就像飞机的螺旋桨一样转动了起来。孩子稚气地叫道："直飞机"，然后看着他的妈妈。"对呀，这个像直升机"，妈妈骄傲地看向孩子纠正道。

根据最近的可靠报道，电脑科技是对孩子想象力的一种扼杀。在能够自如使用电脑之前，孩子就已经有很丰富的想象力了。而我们知道孩子长大后能否成为音乐家或诗人，关键就是看他两岁之前的生活和教育。

我们的沟通能力似乎是天生的

另一个有关孩子反应的领域就是趣味笑话了。正如人们喜欢欣赏音乐和善用想象力一样，在很小的时候人就喜欢笑话。有一个很有趣的发现是，弗洛伊德曾写过一本有关“笑话”的书。在书中，他详细阐述了“孩子是没有幽默感的”的观点，并且提出了很多论据。但是遗憾的是，他的观点太过武断。我们很兴奋地发现，通过倾听母亲的说话方式，宝宝很快就能学会幽默。而我们在很久以前就学会了笑。

孩子的爸爸走进屋子里，因为之前他才洗完头发，所以头上还裹着红色的毛巾，宝宝就没认出他是谁。等先生把毛巾拿下来，宝宝马上就发出了一阵笑声，因为他认出了那是爸爸！（小王子，2 个月）

孩子的爸爸手戴着一个布偶手套表演，在讲故事的时候，他故意发出搞怪的声音。这是我们第一次听到宝宝笑得这么开心。他的笑声感染了我们，我们也笑了起来。（小王子，7 个月）

宝宝在我们面前假装咳嗽，然后他把自己给逗笑了，并且期待我们也笑起来。（小王子，14 个月）

我是大怪兽！

我女儿有她自己的逗乐方式。有一天她把自己的卡通小帽子扣到了猫咪的头上，然后就站在那里开怀大笑。如果不是我恰巧站在旁边的话我都想不到。然后她把帽子从猫咪头上拿下来，又去玩别的了。（小公主，15 个月）

另一个发现是有关孩子何时学会沟通的。我们的沟通能力似乎是天生的。有些图书和文章都建议说，家长可以用一些特别方式来刺激孩子的反应。可是，孩子真的需要这样精心准备的手段吗？

儿子喜欢喊叫，可能是因为听到自己的声音特别好玩。但是现在他在练习发声，并伴有语调上的曲折变化。当他说完一个句子时，他会换口气再说下一句。（小王子，7 个月）

我之前一直觉得，在食物提供方面我犯了一个错误。可能有时孩子并不饿，而我却一直让他喝奶。毕竟他从来没有为此哭过。不过，我实验过，即使不那么殷勤地把奶头往他嘴里送，我发现孩子依旧不会为了吃奶而哭闹，他会给我一些别的小暗示，比如，他的喉咙里会发出咕哝声，这时候，我就会把他抱起来喂奶。（小王子，7 个月）

当我女儿想要离开浴缸的时候，她就会手指浴巾。还有，在早上的时候她会用手指着窗帘，当我拉开窗帘的时候，新的一天就开始了。但在她指向某样东西而我没有反应过来的时候，她会生气。她希望我能够一直懂她。（小公主，11 个月）

我女儿已经可以跟大人沟通了，别看她才 3 岁，跟她说话真的不像在跟一个孩子说话。她可以清晰地告诉你她的想法。（女儿，3 岁；儿子，3 周）

整个过程其实也依赖于母亲（或者全天照顾孩子的人），

是她们促进和推动沟通的产生。妈妈们都经历过外人听来一头雾水、自己需要努力才能理解孩子想要表达什么东西的时期。现在，她已经轻松搞明白孩子想要说什么。所以，当孩子与母亲交流的时候，孩子可以感受到一种自信，他相信自己也可以成为一个优秀的沟通者。

我的身体甚至都能感受得到她的恐惧

宝宝们并不是一直都在叫嚷着自己想要的东西。有时，他们一时兴起时也会喊叫，但那或许未必是他们想要的。在早期的时候，妈妈们要学会分辨孩子的叫声是出于恐惧还是出于愤怒。一开始，一声恐惧的哭叫也许只是下意识的行为而已。只有在几个月后，宝宝们才会发现朝夕相处的妈妈是可以理解他们的。这时，哭叫就变成了沟通的前奏了。

第一位妈妈：有一天晚上，女儿忽然发出了响亮恐惧的尖叫声。

我：你是如何听出那是恐惧的叫喊的？

第一位妈妈：我知道。我的身体甚至都能感受得到她的恐惧。（小公主，6 周）

第二位妈妈：我女儿也会在夜晚发出尖叫声。我以为那是因为她饿了。但是后来我去看的时候发现，她并没有醒来，可能是做了噩梦。（小公主，2 个月）

一个朋友喊了一声："嘣！"以往宝宝都会开怀大笑。但是现在他忽然变得敏感起来，继而就大哭起来。（小王子，8 个月）

我决定去捐献骨髓。在医院的时候，我很放松，一点儿也不害怕。我让女儿坐在我的膝盖上，我觉得她肯定对这一切毫不知情。但是，当护士把针头扎进我的身体的时候，女儿马上就开始尖叫，好像是她在经受这种疼痛一样。我想，她只是不想让任何人伤害我。（小公主，13 个月）

这些妈妈是能够理解宝宝并且饱含同情之心的。有一些妈妈能够理解，但是并不会觉得这样的同情心是必要的。有一位妈妈发现，她 8 个月大的女儿在面对陌生人的时候总会焦虑，她害怕这个变成女儿的习惯，所以，必须将这个现象还处于萌芽状态的时候就加以遏止。她花了一些时间让女儿和陌生人待在一起，以此来训练她，“我要让她改过来，”这位妈妈说道。

很多妈妈很擅长在人际交往中把真实的自己掩藏起来，尽管她们还年轻，但也从不表现出她们的愤怒。而当她们的宝宝表现出愤怒的情绪的时候，她们说比起处理自己的恐惧情绪，孩子的愤怒情绪处理起来更为棘手。

我并不能够很好地表达我的愤怒情绪。当女儿生气的时候，我只有压下我的怒火。我妈跟我说过：“生气的时候就回你房间去，直到你觉得你情绪好多了再走出来。”毕竟，我女儿生气的时候是绝不肯听我的话的。（小公主，6 周）

第一位妈妈：当女儿真的生气的时候，我一点办法都没有，我不知道能做些什么来缓和她的情绪。（小公主，5 个月）

第二位妈妈：我总结出来的就是，当宝宝生气的时候，你可以把他放在一旁，但不要离开他，这一点很重要。毕竟，这不仅仅是他个人的事。有时候，总会有些事情让他情绪不佳和恼怒不已的。（小王子，18 个月）

可以理解的是，在宝宝学习沟通的过程中，他们会产生厌烦情绪，毕竟，这个时候他们的智商还不足以应对语言学习的挑战。宝宝可能不会需要每一天都有任务，要娱乐或接受外界的刺激。他们会很开心和妈妈待在一起消磨时间或玩耍。彼此之间待在一起的时间越长，在单独的活动中就越能理解对方。

父母的不理解会带来问题

这种独自玩乐的能力，大概在孩子能够直接坐下、不用先跪倒在地的时候开始发展起来的。这时，他的双手就被解放出来了。昂贵的儿童玩具有时还不如一张揉成一团的纸更能引起孩子的注意。由此可见，自己单独拿着玩具玩乐的能力是后天发展起来的。

她喜欢研究米袋。那个袋子的外面很容易破碎，而且很不平整。她之前已经玩腻了儿童玩具了。(小公主，5个月)

女儿喜欢玩一个跟她身体差不多大的装麦片的盒子。那是她的最爱。(小公主，6个月)

我宝宝对于物品的态度已经从“需要”变成“想要”了。一个这么小的孩子，假如他想要一个东西，就要马上得到，一刻也不能等。你会发现，在完完全全沉迷于游戏之后，假如他的玩具被拿走，他就会非常伤心。作为一个小婴儿，他自己没有察觉到。(小王子，7个月)

如果宝宝想要一样东西而我把它拿走了，他会记住我把那个东西放哪儿了。就算过了几个小时之后，他也会站起来指着它。(小王子，1岁)

宝贝的心意是非常坚定的。如果她拿着一把刀在玩，而我把刀夺走并尝试转移她的注意力，那是不管用的。她会非常生气。她想要的就是那把刀，也只有那把刀能让她开心。(小公主，13个月)

当宝宝能够独立玩乐的时候，他们才能收获更多的快乐，同时也意味着他可以发掘各方面的兴趣。然而此时，父母的不理解则会带来问题。比如说，妈妈总是想把有关宝宝的事情做好，然而宝宝却希望爸妈不要插手他的个人时光。很多母亲直言，宝宝这种不理解的行为，是她们维护自己家长权威的一种表现。

有一次，我们在商店，宝宝把书架上的所有书都扔到了地上。在家里，他是可以这样做的，但是在外面我不允许他这样。于是，我说："在这里，你不可以这样做。"在我把书一本本放回去之后，他就生气了。我想把他抱起来哄，但是他挣扎着一直不让我抱。这件事之后，我想了很多。在家里，我有一个专门装袜子的篮子，儿子喜欢把篮子里的袜子一只只丢出来，然后，他会弄出奇怪的声响，最后再把袜子全都捡回去。我想，他当时之所以要把书扔到地上，其实是想要把它一一捡回去的。但商场里的书是商品，是要用于销售的，不能扔来扔去。而他并不能理解这一点。(小王子，11个月)

家长的任务就是承担起养孩子的责任，并且在观察到孩子能够逐渐做好自己的事情的时候慢慢放手。孩子是不断地渴求独立的，尽管有时候是他们在无理取闹。

在宝宝们还没能学会规则的时候，他们就开始"被期待"在逻辑上具有连贯性了。他们抗议那些听起来不公平的事情，通常是他们觉得有失偏颇的、损害公正准则的事情。尽管之前他们可以为自己解释，但是如果妈妈直接要求他们改掉或者试图转移他们注意力的话，他们就会很伤心。

可能这也是孩子发脾气的原因。孩子总是被描述为“情绪不稳定的汽油桶”。但是这个称谓并没有准确地描述孩子的性格。孩子有时是情绪异常激动的。有时，他甚至不想要舒适的环境。他可能会说：“换一个秋千！拜托！妈妈！快点！换一个秋千来荡！”换一个秋千玩真的是他想要的吗？也许他想要的真的是如此，但也有可能事实并非如此。毕竟，孩子还没有为自己解释的能力。

当孩子玩了很多次荡秋千并且想要再玩一次的时候，妈妈突然就语带愤怒地说：“不许玩了！”这时孩子就会很伤心，而让他伤心的并不是不能再玩了，而是妈妈这种严厉的语气。忽然间，他感到妈妈对他失去了耐心，而他又不知道为什么。他感觉不公平，然而，在有限的表达能力内，他又说不出这种心理窘境。这时，孩子发脾气的行为就能够理解了，因为他实在找不出合适的表达方式了。而如果他的妈妈不能够理解他，甚至往坏的方面想的话，那就是一个灾难了。

和谐的亲子关系是友谊吗？

一个了解孩子的母亲就可以缓解孩子不被理解时的痛苦。如果母亲可以解释，那么，孩子就会奇迹般地冷静下来。而随着母亲对孩子了解的增多，他们之间就可以有和谐时光。这说起来轻而易举，给人一种“当妈是很容易的”的错觉。

然而，和谐与否却完全取决于为人之母的早期工作。

这样和谐的关系不就是友谊吗？尽管孩子是如此之年幼且毫无经验。亚里士多德曾写过一本探索友谊的书，里面写道："为人父母，很自然就能感觉到与孩子之间情谊（比如，友谊）的联系。"显而易见的是，这种真挚的友谊也是孩子希望父母能够给予他们的。

而那些真的把孩子当成朋友的妈妈则发现，这段关系在自己生病的时候变得尤其重要。别看孩子小，但有时候他们都能有出乎人意料的敏感和体贴。

上个礼拜，我感冒了。我一直都好奇，假如我生病了，我照顾孩子时是不是就力不从心了。但是，我儿子好像懂我似的，他知道今天我不舒服。他就在我床旁边的地板上静静地玩他自己的，一丁点都没有打扰我的休息。（小王子，11个月）

有一个妈妈因为怀二胎而孕吐，每天都要吐个好几回。她发现儿子一直跟着她：我儿子总是跟在我身后。他还有自己的一套惯例。他总是会手上拿着纸巾，然后在我趴在马桶上呕吐的时候握着我的手。等我吐完了我们一起冲水、合上马桶盖。然后，他会对着我的鼻子吹气，我会第一时间回以他一个微笑。（小王子，1岁）

我大概病了一个月，其中有两周的时间都在卧床。我猜，宝宝肯定很不高兴，因为我没能带他去公园或陪他玩。但让我惊讶的是，他居然适应了这种情况。他好像理解了我为什么不能出门，并且当他看到我能离开床之后，他很为我高兴。（小王子，15个月）

妈妈，妈妈
……

这些妈妈在生病期间都依然很体贴孩子。让我印象深刻的是，她们没一个人说，孩子是她们生病期间的一个负担。

妈妈们并不常说，因为这些情况经常有——当孩子被大人理解的时候有多愉悦。她们眼里透着光彩，拍着大腿开怀大笑，她们做出的动作都透露出这是多么珍贵的体验，孩子们是多么愿意成为我们生活的一部分并且能够与大人沟通。孩子的一举一动也在告诉大人，我们给予了孩子想要的一切。

第九章

感觉给不了宝宝母爱，妈妈该怎么做

母爱是一种独特的爱

对于母爱，社会上有两种流行的观点。一种是旧观点，一种是新观点。两种观点都声称自己才是真理。

旧观点认为，爱不应包含着恨。而新观点则认为，爱和恨是交织在一起的。这意味着，如果哪位妈妈说她恨宝宝，按旧观点的解释，这是一种爱的歧途；而根据新观点，这就是爱的一个部分。或许，这听起来像是我在玩语言遁词。但是，母爱确实是育儿的核心内容，而且新手妈妈确实也可能会感到焦虑。如何判断妈妈是否给了宝宝足够的爱呢？一些人说，妈妈应该迷上宝宝，而另一些则说，即便是爱心四溢的妈妈，也会有怨恨宝宝的时候。

令人吃惊的是，很少见到与旧观念（这是有关母爱的传统观念）相关的文字，其中的原因很可能是它太明白不过了，没有必要再费口舌。在过去，母爱被看作是一种独特的爱，完全不同于父爱或其他任何人的爱。它指的是母子间的一种特殊关系，涉及孕育、生产、抚养以及最重要的一点——给孩子喂奶。这意味着妈妈要全身心地投入，并保证这种温暖、强烈的爱能永久地持续下去。母爱要能给宝宝提供保护，并为宝宝提供道德指引，一切为了宝宝更好地成长。人们非常敬佩妈妈，因为她们能够将孩子的利益置于自身利益之前。传统的母爱被当作是爱的最高标准。在人们眼中，母爱不仅是温柔的，还是严厉的。如果孩子做错了事，妈妈就得负责让他变得更好。这意味着，妈妈需要在不失关爱的前提下纠正孩子的错误行为。人们觉得母爱是不容冒犯的。

这对你来说太难了，
你为什么能坚持呢？
我想，是母爱吧。

三千多年前，一位埃及父亲给自己成年的儿子写了这样一段话：

你给母亲的面包，一定要加倍；带上她，就像她曾经带着你一样。在你还未出世之前，她独自承受着你的重量，从未让我操心受累。怀胎十月，你终于出生了，她又得时刻背着你。整整三年，她用乳汁哺育着你。你拉屎拉尿时，她从不会觉得恶心，也从不会说："我该怎么办?"

对于人们崇拜母亲的原因，这篇文章给出了很好的解释。

在一本儿童读物上，我还发现了另一个流行的观点。在《妈妈的方式》这个故事里，一只小猫不停地问妈妈为什么这么爱他，即便是他很淘气的时候，也不例外。猫妈妈回答道："那么，你不会觉得，你乖的时候，妈妈就爱你，你不乖的时候，妈妈就不爱你了，是吧？妈妈都不会这样做的。我会一直爱着你。因为你是我的。"我们可以看到，这种母爱观就是一种占有。为什么妈妈会牺牲自己的利益来保全孩子？上述所有观点都给出了各自的解释。

弗洛伊德提出了一个很好的问题。妈妈们在任何时候都深爱着自己的孩子，即使在孩子调皮捣蛋或生病的时候，她们的爱也不会有任何改变。妈妈们到底是如何让爱持续不衰的呢？我见过这样的一组绘画，标题叫作"生病的孩子"。画里的场景是北欧，那里冬日的夜晚非常漫长，一位发烧的孩子躺在床上，妈妈借着微弱的烛光，一直守护在他的身旁。这位妈妈是怎样做到的呢?

妈妈：儿子正在长牙，感觉很不舒服，老是要我抱着他。这样的状况已经持续两周了。他一直不停地哭，我变换着姿势抱他，一会是这种姿势，一会又变到另一种姿势。我感觉很无助。无论我做什么，都没办法让他舒服。

我：这对你来说太难了，你为什么能坚持呢？（这位妈妈低下头看着儿子，害羞地笑了笑，嘴里嘟哝着什么。）

我：我没听清楚你说的什么？

她轻声地说：我想，是母爱吧。（小王子，7 个月）

“既爱又恨”的母爱观

如果母爱能让妈妈在困境中不断地坚守下去，那么，这到底是出于真正的喜爱，还是母亲的天性呢？在女性成为妈妈时，早已具备了处理人际关系的经验。她认识很多人，但是她对其中一些人的喜爱远超过另一些人。从一开始，大多数妈妈就能意识到，宝宝是独立的人。

这意味着，妈妈对于宝宝的爱并不是自然而然的结果，而是带有个人情感的。这不能全归因于妈妈体内荷尔蒙的存在，或者宝宝迷人的微笑，甚或占有的欲望。对此，生物学只能对部分做出解释，并不是全部。如果生物学能够做到的话，那么“爱”这个词就是一个错误的表达，我们就应该来讨论本能，而不是爱。我们发现，世界上存在的主要语言，无一例外地都把母亲的这种感觉称作爱，这是很有意义的一点。根据这种观点，母爱是一种天性，而不是一种决定。

在 20 世纪，人们对传统的母爱观提出了根本性的挑战。这是人们第一次对传统的母亲形象提出抗议，因为它忽略了母亲的负面情绪。他们认为，没有哪位妈妈能毫无保留地去爱孩子。妈妈和孩子是竞争者，他们在不停地进行着较量。孩子有着无穷无尽的需求，这会轻易把妈妈们击垮。

这些作者声称，传统的妈妈们是被来自社会的压力给吓住了。人们希望妈妈能达到一种理想的社会要求，但其实这是不可能实现的。妈妈们只得摒弃自己的需求，表现出对孩子的顺从，尽心去照顾他们。所以，现在这些作家会鼓励妈妈，希望她们在不能达到理想化的高标准时，能放下内心的负罪感。他们要求妈妈思考一下自己的需求，确立自己独立的身份。但是，在面对宝宝各种各样的需求时，妈妈的内心会非常挣扎。

如果妈妈们有不同的感受，为什么没人站出来说话呢？原因可能是，对于那些内心确实既爱又恨的妈妈来说，要讲出自己的感受会是一件痛苦的事。如果妈妈用笔记下自己不同的感受，又会显得自己是个没心没肺的妈妈。

我们会看到，“既爱又恨”的母爱观始见于一小部分书籍和报纸专栏。现如今，妈妈们在产前学习班接受培训时，老师们都会讲到，妈妈有时候可能会怨恨孩子。听到这样的话，妈妈们是如何回应的呢？这一新观点有没有让她们感觉得到了解放呢？答案很简单，不同的妈妈有不同的想法。确实，新的观念并没能完全取代旧的观念。在我们当中旧的传统观念仍然很流行。

母爱就像是乳汁的同义词

在怀孕期间，妈妈们经常会担心自己没法爱上自己的宝宝。然而，宝宝一出生，许多妈妈立马就会爱上这个小不点儿，这和传统观念中描述的一模一样，她们的内心完全没有既爱又恨的矛盾情绪。这些情感在妈妈身上普遍存在，但这并不是说，妈妈们必须向自己的妈妈学习，才能获得这样的情感。如今的许多妈妈在亲身经历之后，都会清楚地看到自己对宝宝的爱。

听了妈妈们的描述，我们发现，在建立母子关系时，妈妈和宝宝之间存在着固有的差异。无论妈妈做什么，新生儿都会接受，因为她是自己唯一的妈妈。但是，此时，妈妈可能已经完全爱上了这个小家伙。要是宝宝也能说出自己对妈妈的爱，那该多好啊！但事实上，宝宝出生后的前几个完全不是这个样子。宝宝似乎只会考虑自己的生存问题。难道他没意识到妈妈是个很特别人吗？

要不了多久，宝宝就会认识妈妈，并且开始依恋她。但是，宝宝似乎会把妈妈无私的爱和辛勤的劳看作是理所应当的事。几周之后，他可能会绽放出迷人的微笑——但是他的微笑可以给予任何遇见的人。这让人感觉很奇怪。可能要等上好几个月，宝宝才会让妈妈知道，他对她的爱是多么强烈、多么深。当宝宝做出这样的举动时，他的爱显得是那么真切，当时妈妈很可能会觉得，以前所有的等待都是值得的。而在那之前，她有时可能会感到孤独，对自己没有信心。

我的意思是，妈妈的爱并不需要依赖即时的回报。一开始，爱是单向的，而且非常强烈。母爱的强大力量会让新手妈妈们感到吃惊。在她们看来，这种感觉就像是慷慨地为宝宝敞开了心灵的大门。即使妈妈们觉得，自己早已把心“给了”丈夫、前几个孩子或心爱的宠物，但是刚刚诞生的新生命绝对有能力在妈妈的心里找到一片全新的空间。对于没有经历过的人来说，这可能听起来很可怕，但是妈妈们在谈到这种情感时，内心充满了惊喜和自豪。

晚上太难熬了。但是当我看着女儿，我又充满了爱。在那一刻，时间停止了。（小公主，2周）

前一分钟，我还在想，我愿意为女儿放弃自己的生命。下一分钟，我又问自己：“我真的给了女儿足够的爱吗？”过了一会儿，我想：“等等！如果我连生命都愿意舍去，我一定是足够爱她的。”（小公主，2周）

前几周，想到儿子可能会出现的糟糕结果，我吓坏了。那时我经常哭，现在也是。现在我不能没有他。（小王子，2个月）

在我有女儿之前，我并不是那么喜欢孩子。我都不会看他们。我对孩子不感兴趣。我不知道，自己对女儿的爱原来可以这么强烈。我自己都吃了一惊。（小公主，3个月）

我有过一次可怕的分娩经历，分娩后我失去了知觉。我是在宝宝7周大的时候，才开始爱上他的。之后，那种感觉与我爱上先生的感觉完全一样。（小王子，3个月）

我太爱女儿了，起初并不是这样的。我花了很长的时间。（小公主，7个月）

但是，母爱就像是乳汁的同义词（大多数哺乳妈妈的乳房内都充盈着乳汁，同样她们的内心也充盈着母爱。）。过了前6周，妈妈的乳汁就能自行调节，以适应宝宝的需求，而妈妈要学会如何平衡自己与宝宝的利益，则会花上更久的时间。但是，因为妈妈在一开始就很慷慨，所以现在她对宝宝的爱也会源源不断释放出来。

尽管妈妈们的付出很多，但是她们也能获得一些回报，在刚开始的时候，情况也不例外。对于这个世界来说，新生儿就像一个陌生人。当妈妈渐渐明白宝宝的行为，她会把他当作一个人来相处，而宝宝也会像一个人那样做出回应。当妈妈跟他说话时，他的眼睛会睁得大大的，表现出极其的兴趣。那时，妈妈会感觉自己并不是“某个妈妈”，而是属于她孩子的“特别妈妈”。通过这样的母子交流，爱会继续不断生长。

所有母爱的共同特点是，不管宝宝什么样，妈妈都会百分之百地爱宝宝。这与布拉策尔顿医生（一名儿科教授）和克拉莫医生（儿童心理学教授）的观点正好相反。这两位医生曾这样写道：“所有父母或多或少地都对宝宝感到失望过，这在育儿过程中是很正常的。”有很多妈妈都会发自内心地说，她们对自己的宝宝完全满意。我敢确定，要是这些妈妈感到过失望的话，她们一定会提及，因为她们可以借此把自己的故事讲得更加精彩。

为了要个女儿，我制定了特殊的饮食。很明显，我有80%的成功概率。我不想要儿子。然后，我去做了B超，发现我怀的是男孩。但是，我想，B超结果可能也会出错，我告诉自己，这个结果肯定错了。我怀的肯定是女孩。分娩的时候，我像对待女孩子一样跟他说话。后来，医生们告诉我，是个男孩，然后把他放到我的怀中，我吃了一惊。然后，我看着儿子——突然，我已经不在乎他是男是女了。多么漂亮的宝宝啊！他就是我想要的宝宝！（小王子，6周）

儿子太完美了。他的身上似乎有一种自带的气场。他做的每件事都那么棒，哪怕是一次叹气。（小王子，2个月）

女儿出生之前，我曾担心我会很自私，如果宝宝不完美的话，我可能无法爱她。有一天，女儿在洗澡时，我突然注意到，她的肩太窄了。与她爸爸一样。我想：“噢，不！女儿跟她爸爸一样，肩膀太窄了！”然后，我又想：“但是我还是爱她。”我真的很开心，因为这证明，我真的很爱她！（小公主，8个月）

母爱中很重要的一部分似乎就是对自己的宝宝感到满意。妈妈们经常会担心自己生下来的宝宝有残疾。如果宝宝身体不健全，妈妈们还会爱他们吗？但是，一些残疾宝宝的妈妈们说出了她们的感觉，听起来让人感动。她们会说明如何把自己的宝宝与残疾人区分开来。她们爱自己的孩子，尊重自己的孩子，把他们当成普通人对待。如果外人轻视她们的孩子的话，她们丝毫不会掩饰自己的愤怒。

所罗门的审判

身体上的亲近似乎有助于爱的产生。在怀孕期间，妈妈会感受到宝宝的温暖。一些妈妈说，宝宝出生后，她们会急迫地与宝宝保持那种温暖的联系。

分娩的时候，我伤到了尾骨，但是我还是很喜欢抱儿子。先生和我都喜欢抱儿子，这种感觉很舒服。抱着儿子，一切烦恼都没了。（小王子，6周）

女儿就是我的伙伴，我去哪里，她就去哪里。（小公主，3个月）

和儿子待在一起，是我的身体需要。如果不和他一起的话，我的手臂就会痛。（小王子，7个月）

也许，母爱给人的印象就是，妈妈完全被宝宝迷住了。但是，当你和一个怀抱宝宝的妈妈交谈时，你似乎只关心自己说了什么话以及别人对你是否有足够的关注。难道这意味着她忽略了自己的宝宝吗？绝不可能。正如我们已经看到的那样，对于宝宝发出的讯号，即便是微不足道，大多数妈妈也能“接收”到。这位怀抱宝宝的妈妈之所以能够放松下来，并给你足够的关注，是因为她能感受到宝宝。如果宝宝在别的地方，即便是你抱着宝宝，她都会显得更加焦虑，注意力也不会那么集中。妈妈抱着宝宝时所感受到的轻松，正是母爱的一个标志。

从圣经故事《所罗门的审判》中，我们知道母亲的身体感受非常强烈。在这个故事中，两个女人都说自己是新生婴儿的母亲，都声称对方害死了自己的孩子。所罗门王很有智慧，并没有浪费时间和她俩争论，他说，他会把这个婴儿劈成两半，给她们一人一半。这一计谋并不是真的要把孩子分成两半，而是要把这两位妈妈区分开来。真正的母亲立即放弃了自己的诉求，恳求所罗门王将整个孩子给那位“假”妈妈。

古老的希伯来文本清楚地阐明了她放弃孩子的理由，但是在译成英文时，翻译者们似乎感觉措辞颇有难度。根据17世纪翻译家委员会（委员全是男性）所译的圣经钦定本所说，这位妈妈在“内心深处为儿子感到悲伤”，这与原作的意思不符。如果把希伯来文本直译过来，这句话是说，这位真妈妈“感到自己的子宫发热”。毕竟，几天前她才刚生下孩子。她恳求所罗门王将孩子给那个刚刚死了孩子的女人，这肯定不是一件容易的事，但是温暖的子宫传递出的强烈感情不允许她有任何犹豫。这个故事有趣的一点是，所罗门王早已清楚真妈妈一定会有这样的反应。凭借自己的智慧，所罗门王很清楚真妈妈真正的样子。他宣布：“她就是孩子的妈妈”，我们在书中读到，“所有的以色列人”都为他智慧的审判而折服。

传统意义上的母爱真的是一种无法企及的理想吗？

妈妈们觉得，怀抱孩子不仅仅是一种强烈需求。她们还说，当他人在未经许可的情况下抱起宝宝时，她们会感到焦虑。妈妈们经常遇到这样的情形：人们会问：“我可以抱抱你的宝宝吗？”或者直接伸出双手。如果妈妈们回答：“不用了，谢谢，我想自己抱。”这在人际交往中似乎有点儿难以接受，因为这种做法会被看作是“占有欲”或“神经质”的表现。但是，为宝宝选择一个新的怀抱，任何妈妈的这种反应都是可以理解的。这完全不是占有欲的问题，只是说明妈妈对宝宝的需求很敏感。

回忆起这件事，仍然让我很生气。儿子在两周大的时候，我带他去看我的婆婆。先生前妻的妈妈也在那里，她请求抱一下我的儿子。而我根本就不认识她。这时，我的婆婆说：“当然，你可以抱他！”我不想让她抱，但是我怎么能这样不礼貌呢？儿子睡着了，被她抱了好久好久。对我来说，这是一段很不愉快的记忆。（小王子，12个月）

总是有人问都不问我，就不停地摸我女儿。有一次，一位浓妆艳抹的妇女弯下腰来亲了亲我的女儿，我真想（做了一个惊恐的姿势）对她说：把你的手离我女儿远点！（小公主，5个月）

记得有一次聚会时，有个女人想抱我的女儿。我不敢拒绝。当我把女儿递过去的那一刻，我就想把她抱回来。我感觉自己太蠢了，因为我一直跟着她在房间里走来走去。最后，我拘谨地说："呃，我想，我得把她抱回来了。"她把女儿还给了我，但却对我说："你真的应该让自己找时间休息一下。"我觉得自己太蠢了。（小公主，6个月）

我这样说，似乎有些小气，但是婆婆抱着儿子时，儿子就得一直闻着她身上的香水味。虽然有些不太理智，但是我真的很愤怒。（小王子，6个月）

这样的反应非常强烈，但是这真的非常重要。特蕾莎修女曾在加尔各答的社会救助站工作，她收容了那些从垃圾堆里捡回来的婴儿，她常说："被遗弃是人类患的最严重的疾病。"在巴拿多之家（儿童福利院）长大的一名孤儿也确认了这一说法，他的话听了让人非常感动。他从来不知道母爱是什么。他曾这样描述他的这种缺失感："母爱会给孩子一种存在感。如果没有母爱，那么你们就会像我一样，觉得自己是漂浮于别人生活之外的流浪者。"所以，妈妈强烈的存在感的确是母爱中非常重要的一部分。对于一个人来说，如果妈妈喜欢紧紧地抱着他，他会感觉自己像个流浪者吗？

现在，这种亲密的母爱已经不再流行。亲戚和健康顾问经常都会告诉妈妈，她应该和宝宝保持"健康的"距离。这种观点与雇主的要求正好不谋而合。然而，一些妈妈即便知道，偶或与宝宝分开一下，她们的精力就能得到恢复，但是仍有许多母亲不愿意那样做。她们想要的是身体上的亲密，至少在宝宝出生后头一年的大部分时间里是这样的。其中也包括那些按合同规定回归工作岗位的妈妈。出于经济原因，她们必须遵守合同，但是这将被证明是一份令人痛苦的承诺。

儿子很开心，但是我不想离开他，哪怕就只有两小时。这

种感觉不太对劲。我已经对他如痴如醉。（小王子，2个月）

我不想离开女儿。五个月后，我就要回去工作了，所以先生和我去看了当地的一个育婴所。然后，我坐在外边的凳子上，忍不住大哭起来。仿佛是他们明天就要把宝宝从我身边夺走似的。（小公主，6个月）

每当我想起自己以后成为妈妈的样子时，就会忍俊不禁。以前，我认为女儿满3个月以后就得去育婴所，而我就上班下班，周末就去参加各种派对。（小公主，11个月）

我想继续写我的学位论文。我找到了一个照顾儿子的合适人选。但是，我不知道我是怎么了。我不想把儿子交出去，他喜欢和我在一起。（小王子，13个月）

当然，并不是所有的妈妈都有这样感觉。很有趣的一点是，现如今，与宝宝身体接触较少的妈妈们通常会被看作是“正常的”，而那些与宝宝有着亲密关系的妈妈更有可能被视为“有问题的”。这些妈妈常被告知，如果她们不愿意把宝宝交给别人带，那就说明她们自身出了“问题”。宝宝喜欢被妈妈留在家里。

这种说法肯定不对。假如妈妈真的觉得能够让宝宝开心的话，她会毫不犹豫地多陪宝宝一会儿的。据我的经验看来，妈妈们之所以不愿意把宝宝留在家里，是因为她们总能接收到宝宝发出的信号：我还没准备好。的确，有时妈妈们不在家的时候，宝宝看起来似乎真的很快乐，但是只有妈妈才能真正体会到这样的代价。当妈妈和宝宝再次相聚时，两人就要面对这场别离的情感后果。当宝宝轻松愉快地与妈妈待在一起时，他会表现出不一样的情绪，而这种情绪是宝宝不会让外人看到的。

要离开女儿10个小时，这太漫长了。我的意思是，对我来说太漫长了，但是这并不是说时间就真的有那么久。对于女儿来说，这10个小时也太漫长了。才过了6个小时，女儿就急于找我。她虽然很开心，但是她太想……我不知道怎么说。她把脸埋在我胸口，然后开始吃奶，但是她需要的并不只是食物。（小公主，12个月）

对妈妈来说，外人轻蔑的评价会令她们尤其难以接受。她对宝宝的敏感，不仅没有得到任何赞赏，反而被人批评为“神经质”。其实，这正是她对宝宝表达的母爱。

对于妈妈们的许多行为，若是在以前，人们会感觉非常暖心，现在却经常被视为“神经质”或“不健康”的行为。同时，20世纪的心理学研究也让我们认识到，如果妈妈滥用母爱，宝宝会承受多么严重的后果。在给予母爱时，妈妈可以采用间歇性或诱导性的方式。她可以把爱当作诱饵，却让孩子无法得到；或者，只对自己喜欢的孩子无限宠溺。她可以把母爱藏在随意、虚假的外表之下。她可以让每一个都相信，虽然自己“非常”爱自己的孩子，但是她更希望把宝宝变成人们所期望的那样，而不是尊重孩子的人格。

传统意义上的母爱真的是一种无法企及的理想吗？如果只是单纯地把它看作一种智力目标，这听起来确实令人畏惧。妈妈整天都得抱着宝宝吗？如果她外出工作几个小时，就要心生愧疚吗？她如何知道自己给宝宝的东西是否合适、数量是否刚好呢？妈妈们常常会对自己的智力提出质疑。但是，爱是源于内心的。发自内心的情感是真实的。这样的情感只是从内心中自然地流露出来，不会因为知识的多寡而受到质疑，妈妈不必因此而惴惴不安。

妈妈们给予宝宝关爱是持续不断的

可是，爱并非一件简单的事。要倾听他人的内心，需要极大的勇气。爱也不会把妈妈变得完美无缺。完美的妈妈是不存在的。母爱会让妈妈更容易意识到自己的不完美。而对于宝宝来说，完美的母爱也许会太强烈而难以承受。我们感受到的真爱似乎才是最合适的。当孩子得到爱的抚慰时，他们会喜笑颜开、精神焕发。他们轻松自信，能够施展自己的人生潜能。每一个新生儿似乎都有无限的可能。但如果没有妈妈发自内心的爱，一切似乎更容易出错。

有人说：爱会随着时间的流逝而减少。妈妈们经常会被问到这样一个问题：一旦对宝宝的新鲜劲过了，妈妈会感到厌烦吗？对于一些妈妈来说，这种情况似乎真的会发生。她们会充满柔情地对宝宝敞开爱的大门。但是之后，她们似乎会关上这道门。随着宝宝慢慢长大，这些妈妈对待宝宝不会再像以前那么温柔，语气会更加干脆，更加不耐烦。幸运的是，其他妈妈声称，她们对宝宝的爱并不会减少。相反，她们对宝宝的爱会越来越深。这似乎是此类母爱的另一个普适性特征。最理想的母爱就是，它强烈持久，并非仅持续几周，而会伴随母亲的一生。

女儿的出生让我感到很兴奋。这时，如果某个人走过来说："哈哈，这只是个玩笑！"然后把女儿抱走的话……我会说什么呢？……我喜欢女儿，但是我真不敢相信，我真的有了自己的孩子，而眼前这个宝宝就是我的。如果真的有人那么说的话……这就像是两个女人在商店里同时扯着同一件毛

衣的两只袖子似的。过去我可能真的不会太在乎，但是现在我会。（小公主，4 个月）

我的爱越来越强烈。在儿子还是我肚子里的一团小肉球时，我就喜欢上他了。他刚出生时，看起来是那么小，那么无助，我太爱他了。现在他更像是我的伙伴，我可以和他分享所有的东西，我的爱随之增长，会变得越来越大。（小王子，7 个月）

真是太美妙了。你的爱并不会限量供应，有了两个宝宝以后，我们家有了更多的爱。（小公主，23 个月；小王子，6 周）

随着爱的增加，会发生什么情况呢？在宝宝还是小婴儿时，妈妈喜欢亲吻、抚摸和抱着他。随着宝宝的长大，妈妈的爱会变为持续不断的关心。她浑身上下都保持着警惕。

我的反应越来越快。突然，你就会注意到，儿子正在伸手够一个装着水的花瓶，你想不到他能够得着。（小王子，9 个月）

今天，宝宝第一次说出了 6 个单词的句子。我的思维必须跳跃着，才能理解他，跟上他的节奏。我感觉好累，每天一过八点半，儿子一入睡，我就马上睡着了（小王子，20 个月）

有了孩子之后，妈妈都学会了一边照看宝宝，一边同时完成多项任务。她们仍担心自己的陪伴无法让宝宝感到有趣。每当爸爸下班回家或客人来访时和宝宝一起蹦蹦跳跳时，她就会感觉自己不够称职、相形见绌。没有长时间和宝宝待在一起的人都会有这个特点。

母爱也充满了矛盾

妈妈们用自己全部的爱去保证宝宝的安全。妈妈对宝宝身体的脆弱程度有种可怕的清醒认识。妈妈有太多东西需要学习，也会遇到层出不穷的新情况。

女儿还小的时候，有一次，我抱着她时突然跌倒了，差点把她掉进火里。就在那一秒，我发现，我绝对会不惜一切，绝对是不惜一切，也要保证女儿的安全。而在平时，我不会有那种感觉。（小公主，8个月）

自古以来，有关妈妈们竭力保护孩子的文字描述多不胜数。但是妈妈还要应对日常琐事，都是一些微小琐碎的事。而妈妈也会感觉烦躁和沮丧——尤其是在她们认为自己原本可以做得更好的时候。有位妈妈告诉我，她经常会听到一个“又抱怨又批评的声音”，在表达着不满。这让妈妈认识到，这其实是她自己的声音。宝宝似乎没有任何抱怨。

一些妈妈们很善于表达。而对于不善言辞的妈妈来说，要说清自己的感受就会困难一些。但不善言辞的妈妈的情感敏感度并不逊色。医生们有关妈妈的论述令人瞠目。比如：“如果哪个妈妈说自己从来没有想打孩子一顿的冲动，那么，她不是个骗子，就是个天使。”有的妈妈的确说过，自己从来没有这种冲动。但是我们也没有理由给她们贴上“骗子”的标签，当然，她们也绝不是什么天使。妈妈们只是普通的女人，她们能够追溯自己生气的原因，而并不会认为孩子就是令自己生气原因。

一些妈妈会将自己的不良情绪与幼年时的成长经历联系

起来。例如：

第一位妈妈：小时候，我的爸爸妈妈从没打过我。但是如果我做了错事，他们就会默默地克制着自己的爱意。对我来说，那是一件很可怕的事。现在我很怕自己把这种做法传给女儿。（小公主，8周）

第二位妈妈：我知道那种感觉。有时，我也会对儿子那样做，即便他还这么小。这一切来得太快，就像一种本能反应。

我：那么，你会怎么处理呢？

第二位妈妈：嗯，一旦你意识到自己正在这样做，情况就不同了。但是，我会跟儿子说对不起。我会说：“对不起，宝贝，妈妈真蠢，又犯老错误了。妈妈真的很爱你，很爱你。”（小王子，7个月）

对于这两位妈妈来说，能够认识到童年经历给自己所带来的影响，这是一个巨大的帮助。即便她们发现自己在重复父母的行为模式，但至少她们在以后会有所改进。

同样，母爱也有自相矛盾之处。妈妈可能会觉得，她所做的一切都是“为了宝宝”。但其实，这样的新生活也让她获益匪浅。妈妈们常说：母爱让她们更加脚踏实地，也让她们更加唯心主义。母爱的强烈程度几近于对宗教的敬畏。当妈妈凝视着宝宝的时候，她的心中充满了惊奇。母爱让她对生活有了全新的理解。妈妈们常说，她们会被自身以外的某个东西打动，这些东西美好而永恒，完整而重要。母爱似乎将两个极端完美地组合在了一起：无尽地给予、无尽地索取。

但是，并不是所有的妈妈都有这样的感受。一想到要为宝宝付出很多，一些妈妈就会感到恐慌。这种感觉在第五章已经有所描述——当宝宝哭泣的时候，这些妈妈会感到已被宝宝的需求吞噬。这种感觉会极大地影响母爱的给予方式。

一直在与宝宝的需求较量，但总是输得一败涂地

当一个妈妈说："我喜欢儿子/女儿，但是……"她接下来要说的通常会是："我也必须为自己着想""你必须有明确的边界"或者"亲子之间必须有一定的界限"。这种界限感会让妈妈学会克制。她会把注意力从宝宝转到自己身上。即使是一种暂时的转变，但对妈妈来说也是。在妈妈弄不清楚宝宝的需求时，这或许不失为一种处理僵局的好办法。她把宝宝变成一个惹人生气的"小不点儿"，而自己却只能转动眼珠去看着无尽的天空，然后长长地叹息一声，但凡饱受折磨的妈妈都会深表同情。

在 10 分钟的自我辩护之后，妈妈就会恢复精力，转而会想："我想，儿子也许生气了，因为我整个早上都在匆匆忙忙的，无暇顾及他。"于是，她开始理解宝宝了。但是，假如妈妈努力地想要弄懂宝宝却未能做到，这该怎么办呢？妈妈可能会感到绝望。

澳大利亚作家苏姗·约翰逊曾表达过这种绝望。她在描述宝宝的时候，所有单词全部使用大写，尽量少用标点符号。

你为什么还不闭嘴？闭嘴，闭嘴，闭嘴！我尽己所能，想要把我的性命都给你，然而，你却不愿配合，哪怕躺下来闭会儿眼睛呢？你到底想要我怎么做？你到底是从哪里冒出来的小恶魔？难道时间、空间还有精力对你来说都是一文

不值？

我们能感受到她的痛苦，因为她不明白宝宝为什么哭个不停。我也是一位妈妈，我发自内心地同情那些筋疲力尽却又费尽心思地讨好宝宝的妈咪，但是，假如宝宝不停地哭闹，就一定是事出有因吗？在她的书中，我们能找到答案。作为一名哺乳顾问，我知道要找到合适的哺乳姿势很难。如果宝宝被抱的姿势不对，这意味着他会很痛苦。这时，他的行为看起来不再是无理取闹。而妈妈可能仍感到忧心如焚，因为她无法让宝宝找到合适的吃奶姿势，但她明白了自己的宝宝。这样，接下来她会更加从容地表达对宝宝的爱。

宝宝的哭闹可能事出有因，但苏姗·约翰逊对此似乎信心全无。她得出的结论似乎显而易见："依我的经验，孩子就像是吸墨水纸上的一团墨，一点点渗到你生活的边缘，不会给你留下任何空白。"她并不是第一个说出忧虑的人。阿德里娜·里奇是《女人所生》（*Of Woman Born*）一书的作者，她回忆道，作为一位妈妈，她的需求"一直在与宝宝的需求较量，但总是输得一败涂地。"《生育之后》（*Life After Birth*）一书的作者凯特·菲格斯说："孩子的需求是无止境的，因为他们生而自私。他们会发现，你会满足他们，但有时也会拒绝，因为他们的需求无法且不应该全部满足。"她还写道："我们与各种需求共存，尽管这些需求也常常互相矛盾，因为孩子的需求是无止境的。如果不加以约束，他们会把我们榨干。"蕾切尔·卡斯克在《终生的事业：成为母亲》（*A Life's Work, On Becoming a Mother*）一书中做出了生动的描述："不到五分钟，她（女儿）又哭了，然后，我就紧紧地盯着她嘴巴里那个无法满足的红色大坑。"

当宝宝长大一些之后，父母应采取果断措施，教宝宝学会忍耐和服从。“适当的”惩罚一定是妈妈们沮丧情绪的最佳出口。

孩子的各种需求就像重型卡车一样从我们身上碾过

现如今，人们的反应更加复杂。西格蒙德·弗洛伊德开创了一种看待亲子关系的新视角。他说出了自己观察到的儿童本能需求。这意味着他们的妈妈所扮演的角色有所不同。她们已不再是能够引导孩子向上攀登走向道德成熟的聪明女人。在弗洛伊德眼中，妈妈只是一个协助者，要向心理分析师学习如何应对宝宝天性的发展。妈妈的角色开始发生变化。

英国儿科医生、心理分析师 D. W. 温尼科特也持此观点：“（宝宝）最残忍，把妈妈当作坏人，当作免费的仆人，当作奴隶。”这种观点颠覆了我们对妈妈和孩子的传统看法。在传统家庭里，妈妈手握家中大权，而孩子有时则被看作是免费的仆人。

对于这种不同寻常的视角，其他精神分析师的兴趣与日俱增。其中就有罗兹斯卡·帕克，她是一名女权主义者。她对孩子有这样的评论：“荒谬的是，在妈妈们的眼中，过分依赖的宝宝就像个有权势的暴君。”

孩子被认为是主宰者，这一观点竟让女权主义者感到有趣。《妈妈结》（*The Mother Knot*）一书的作者简·拉扎尔曾这样自问：“谁拥有这样无限的权力，莫名其妙地尖叫，吸吮我的乳汁，还折腾得我精疲力竭？”凯特·费吉斯也曾抱怨道："宝宝还要穿衣、吃饱，此刻，妈妈必须拥有职业摔跤运动员的体力、特蕾莎修女的宗教知识以及强过联合国工作人员的沟通技巧。"《母爱的面具》一书的作者苏珊·莫萨特刻画了一个丑陋的形象："但是，我们大都会发现，为了把各种事务处理妥当而采取的最夸张的行为，都比不上一个宝宝的需求那么让人无法抗拒。"蕾切尔·卡斯克也给我们作出了一幅生动的描述："女儿坐在床上，坐在我和丈夫支离破碎的身体之间，她就像是一个打了胜仗的小拿破仑，手里摇晃着拨浪鼓来庆祝胜利。"这种观点与传统的观念截然不同。如今，宝宝们被赋予了发号施令、挥舞鞭子的权力。

照这种观点来看，这些妈妈似乎觉得自己并无成年人的权力。她们觉得自己被宝宝完全控制了。阿德里娜·里奇在《女人所生》一书中说，妈妈们以前是受父权制的奴役。而以上说法则会让我们觉得，母亲们所受到的奴役，不过是换了一种形式而已。

罗兹斯卡·帕克在《撕成两半》（*Torn in Two*）一书中试图对这种矛盾进行解释："虽然妈妈们是成年人，她们更强大，但是在社会中以及政治方面，她们仍然要受到男性的奴役——而在情感方面，则极易受到孩子的伤害。"的确，这本书的标题也非常有趣。到底是什么人还是什么事把她的情感撕成了两半呢？当然，如果她真有此感，这说明她的内心充满着矛盾。这位妈妈未曾明说的事实是，将她粗暴地撕成两半的人正是她那无所不能的宝宝。

一旦这个宝宝被看作是无所不能而又永不知足的人，那么，母子关系就会变得令人担忧。阿德里娜·里奇曾坦言："我的孩子们带给我的那些痛苦是我从未经历过的。"值得注意的是，她把孩子看成了造成痛苦的主因，而自己则是被动的受难者。凯特·费吉斯也表达了同样的观点：“孩子激起了我内心深处不可名状的愤怒，这让我觉得恐惧。而孩子只见到过我的固执。”和阿德里娜一样，她也把孩子看作是让她愤怒的原因，而自己则是受害者的角色。苏姗·莫萨特认为：“这一点儿也不奇怪，宝宝手中有把钢鞭——使得母性的偏见不断升级。不知不觉中，我们心中的愧疚就占了上风。”苏姗·约翰逊的观点则更加激烈：“新生儿唯一渴望得到的就是妈妈的一切，妈妈的怀抱、妈妈的身体、妈妈的乳汁，还有妈妈的睡眠。新生儿会把睡眠从我们眼中夺走，把呼吸从我们的肺中抢走，他会让妈妈躺下，变成一座桥，让自己站上去。”这就不难理解，妈妈为什么会觉得自己被宝宝控制了，所以，她一定不会全身心地去爱宝宝。

“倍受煎熬”是一种自然的反应

在妈妈们的叙述中，怨恨感反复出现。这个词没有明确的定义，不同的作家对怨恨的理解或许会有一些细微的差别。当妈妈因转瞬即逝的愤怒而痛苦地吼出对孩子的怨恨时，下一秒，她将更强烈的懊悔自己不该使用如此粗暴的言辞。这些作家所表达的怨恨感更加强烈，也更加持久，因为这让她们觉得自己无法胜任却又无能为力，因而她会感到更加沮丧。

温尼科特在他的精神分析论文中这样写道：“我的建议是，妈妈对孩子的怨恨感出现得比孩子更早，此时，孩子无法感知也不会对妈妈产生怨恨。”

当妈妈们坦诚地说出对孩子既爱又恨的矛盾情绪时，她们的语气并不轻松，也没有调侃，而是充满了痛苦。阿德里娜·里奇在日记中写下这样的感受：她感到自己“深陷爱恨交织的洪流，甚至妒忌孩子的童年”。她还说：“每个妈妈都知道，自己对宝宝充满了无法控制而又难以容忍的愤怒。”至于她如何得知“每个妈妈都知道”的，则没有任何解释。简·拉扎尔同样也使用了“憎恨”一词：“当宝宝哭泣的时候，有时，当他斩钉截铁地拒绝我时，我就恨他。”

阿德里娜·里奇和简·拉扎尔都提到，她们曾对孩子表达过强烈的愤怒。苏姗·约翰逊也表达过类似的感受。“他是个抱怨能手，一抱怨就是几个小时，就像下起来就没完没了的季风雨。这种时候，我很想一个劲儿地摇晃他，直到他的牙齿咯咯作响而不得不闭嘴，不再毁掉我的生活。”小说家乔安妮·布里斯科也描述了她对宝宝的情绪：“在黎明前的光线下，由于怨恨，我有种想呕吐的感觉。而数小时之前，我对他还是爱得‘含在嘴里怕化了’。”

在心生怨恨的时候，妈妈们似乎都不轻松。她们都是知识女性，生孩子之前都是职业女性。温尼科特用一句话对她们的进退两难做了总结：“孩子是妈妈们享受个人生活的干扰因素，是对妈妈注意力的挑战。”以上这些妈妈都是作家，她们都描述过自己所面临的冲突：一方面，她们需要更多的时间，以便能专注于工作；另一方面，她们觉得应该照顾宝宝。其实，完全没有必要引起这样的冲突。另一位作家朱丽叶·达林说：“此刻，我对（小）女儿们无比的爱也让我的文字变得特别温暖。”她发现，当妈妈不是一件容易的事，但是她并没有提到怨恨也没觉得孩子们对自己的要求是多么无穷无尽。相反，苏姗·莫萨特的话听起来更让人害怕：“养育孩子是一件非常值得做的事，这一点是毋庸置疑的。不过，我们真的更愿意去做别的事。”

爱恨交织的感觉并不鲜见，但人们常将其描述为一种极其不适的感觉。没有人愿意将它提升至一种理想状态，当然，也没人愿意以此为目标。古罗马诗人卡图卢斯用两行文字浓缩了自己的全部经验：

我又恨又爱！也许你会问怎会如此，

我不知道！但我感觉就是这样，这让我倍受煎熬。

如果对自己爱的人心生恨意，“倍受煎熬”是一种自然的反应。但是精神分析作家们建议，一定要保持这种爱恨交织的情感，这样才能更加真实地去爱。这一点可扩大至母爱这个话题，且完全符合逻辑，而且温尼科特本人就是这样做的。

妈妈必须拥有矛盾的情绪

妈妈把爱恨交织的情感看作是无人能够避免的状态，这是第一次有人表达这种观点。许多妈妈都害怕负面情绪，而且承认自己有负面情绪会让人心生愧疚。温尼科特说：“妈妈必须允许自己对宝宝偶尔有恨，无须自责。”简·拉扎尔也说：“在我看来，母性唯一永恒和自然的东西就是这样的爱恨交织。”罗兹斯卡·帕克对温尼科特提出了质疑：“我们把妈妈分成了两类：一类是能控制情绪的好妈妈。对于她们，我们无须说什么，也无须做什么。而另一类妈妈则需要详加解释。妈妈对孩子一定是爱恨交织的，这一观点很难接受但却非常重要。”

罗兹斯卡·帕克和苏姗·毛斯哈特就像传教士一样，会倾听妈妈们向她们承认的矛盾情绪。罗兹斯卡·帕克的书《撕成两半》即使针对这个话题的："认识到母亲对孩子的爱恨交织，是母亲实现自我认识的基础。"然后，她做了进一步的阐述："我认为，怨恨和愤怒会让妈妈产生放弃和分离的错觉，而这会产生不可预知的后果。而抛弃孩子和冷漠对待孩子的想法所引起的愧疚会让妈妈对孩子更加关心——但前提是，妈妈会对这些想法进行认真反思。"

相比之下，苏姗·莫萨特更在意的是社会的认可："感受到母爱中的爱恨交织是一回事，而要将这种感觉表达出来——乃至将其合理化——则是另外一回事。"

许多图书都鼓励妈妈忠实于自己对孩子那种爱恨交织的感情。但是，这种爱恨交织的感觉确实会让人极不自在。罗兹斯卡·帕克和苏姗·莫萨特都说她们知道其中的原因。这是因为这种感觉不被社会所接受，因此会让妈妈感到害怕。

只要妈妈们认为对孩子有益，那么，她们将无惧任何可怕的事，也不会在乎任何社会规范。有什么证据能表明这种爱恨交织的感情令妈妈感到恐惧呢？那些承认自己对孩子爱恨交织的妈妈们似乎并没有被吓坏，而只是自相矛盾而已。我们都经历过婴儿时期，在某些层面上讲，对一个哇哇大哭的婴儿心生怨恨是没有道理的。当然，诚实地承认妈妈的这种感觉，这一点固然重要，但是，这样还远远不够，因为这样既无法让人理解妈妈的困惑，也不能让妈妈们摆脱困境。

无论在哪里，你的身心都是和宝宝在一起的

但是这些妈妈们描述的困境到底是什么呢？根据她们的叙述，尽管宝宝让人不省心的时候会让她心生怨恨，特别是当妈妈急着写书稿、诗歌或文章时，而这时宝宝又偏不睡觉，那么，妈妈内心深处的怨恨就会油然而生。

乍一看，她们似乎就是那种自私而爱无能的妈妈。她们长篇累牍地抱怨宝宝给自己带来的痛苦。但是，一个真正自私的妈妈会雇保姆来照顾孩子，而自己则可以毫无牵挂地埋头工作。但这些妈妈似乎倍受煎熬，她们不是冷血的女人，对孩子饱含强烈的爱意。但是，她们这种爱恨交织的感觉为我们指明了前路吗？或者，她们只是在为母之路上“选错了出口”吗？

她们所描述的煎熬具体而真实。尽管妈妈们各有特色，但是作为妈妈，她们所描述的生活场景具体而真实并不会有太大的差别。比如，为了安慰哭泣的宝宝，妈妈首先要对哭闹的程度做出判断。在做出判断之前，她必须稍微冷静一下，与宝宝暂时分开。但是，这些妈妈却发现，在这样的时刻，自己很难与宝宝分开。而且，她们似乎无法对宝宝的哭闹做出判断。在她们眼中，宝宝每一次的哭闹都不可轻视，而她们听到的哭声就是宝宝正常的哭闹。

在妈妈们的描述中，她们对宝宝都有一种强烈的亲近感。阿德里娜·里奇是这样描述自己的感受的：“无论在哪里，你的身心都是和宝宝在一起的——因为他是你身体的一个部分。”简·拉扎尔说：“我紧紧抱着他，抚摸他的皮肤，想象

着我们仍然是一体的。”拉扎尔在书的序言中，曾这样写道：“因为母子是永远无法彻底分离的。”凯特·费吉斯说：“我与我的每个孩子都心有灵犀，他们的身体就是我身体的延伸。”苏姗·约翰逊的描述显得更加强烈：“那两个曾住在我身体里的人虽然已经离开我的身体，但只要我还活着，只要我还有知觉，他们就仍是我的一部分，就像我身体中丢失了一部分。”蕾切尔·卡斯克这样回忆道：“我女儿小小的身躯被包裹在毛毯里，被交到我的手上。当我抱着她时，我经历了梦幻般的醍醐灌顶。在这一刻，我认识到，这个人就是我自己，只是已经离开了我的身体。”

这些妈妈的描述各不相同，但是她们与宝宝相处的方式并没有太大的差异。那些妈妈为宝宝开辟了一块情感空间，但这些妈妈似乎感觉自己与宝宝已经足够亲密，所以她与宝宝之间没有多余的空间。

妈妈们发现，这样的亲密程度让人无法忍受，但是她们并没有质疑自己对宝宝的看法。相反，几个月后，她们都要奋力地让自己从困境中解脱出来。简·拉扎尔重新开始了大学的学习，这意味着她要把宝宝留在纽黑文的家中，交由保姆照看，这样“我每周有两天可以去纽约上学。”凯特·费吉斯重新回到了工作岗位，“感觉又重新回到了真实的世界。”但到了晚上，她的女儿变得越来越难伺候。最后，她咨询了哈克尼睡眠诊所，训练出不再理会女儿的本领。苏姗·约翰逊把4个月大的儿子卡斯帕尔带到了“抑郁母亲之家”，她描述道：“卡斯帕尔被安置在一个小房间内的儿童床上，而我就在对面的房间，他们告诉我，即便听到儿子哭，也不用起身。”蕾切尔·卡斯卡让丈夫用奶瓶给3个月大的女儿喂奶，但是她仍然觉得“女儿无处不在，就像生命中某个甜糯的东西，像糖浆，像胶水……我之前想训练她一些别的技能”。最后，她丈夫辞职来“照顾孩子，而蕾切尔则撰写了一本照看孩子的书”。

我开始恨她和她的宝宝

如今，许多医学专家都明确表示，妈妈需要与孩子分开一些时间。心理分析文献也持同样的观点：妈妈应该主动与孩子分开。比如，温尼科特曾这样写道：“妈妈们需要在大约9个月的时候就给孩子断奶，因为这时孩子已经有了准备断奶的迹象。同时，他还说：妈妈们需要有足够的勇气来忍受宝宝断奶时的愤怒。”读者或许会好奇：既然孩子都准备好了，为什么还会生气呢？美国心理分析师露易斯·卡普兰基于自己的观察，准确细致地描述了母子分离的各个阶段。

但是，围绕着如何让妈妈与宝宝分离所展开的讨论，出发点就是错的。妈妈和宝宝本来就是各自独立的。妈妈可能会认为自己与宝宝是融为一体的，但是这只是她的幻觉而已。她和宝宝并不是一体的。我们每个人都是独一无二的。妈妈和宝宝都要学着如何与对方生活在一起，并学会了解对方。即便如此，他们如此然会不时给对方惊喜。

作家简·拉扎尔曾和一位妈妈交谈过。在拉扎尔眼中，这位妈妈“总是……显得那么平和，那么安静，那么与世无争。有一天晚上，我在她家窗外偷听宝宝的尖叫声，但什么都没听到。我开始对她和她的宝宝充满怨恨”。罗兹斯卡·帕克引述了一位妈妈的话：“我想起了我认识的一个女人……她总是显得风淡云清，一副泰然自若的样子。她每个周末都会和孩子们一起做饼干，似乎从来都不会为孩子感到厌烦……而我只想说‘呸！’。”作家阿利森·皮尔森以自己、朋友以及同事为原型，虚构了凯特·瑞迪这个人物。凯特将“超级妈妈”与“和自己一样的糟糕妈妈”做了对比。书中有关于凯特饱含内疚感的内容，她在内疚感的折磨下，努力在那些成功妈妈面前表现出自己也是个能干的妈妈。

在孩子哭闹时，妈妈的内心也充满了矛盾的情绪

对于妈妈内心爱恨交织的情感，阿德里娜·里奇后来似乎改变了看法。她在前言中写道：“直到我开始有了强大的内心，并且对孩子们的爱不再那么矛盾，我才决定要写一本有关母爱的书。”她最后的结论是，“父权”才是让她陷入困境的原因，而不是她的孩子。她陈述了自己如何后悔以前总是冲着孩子发火，后来，她离开了丈夫，之后她的丈夫就自杀了，但她最终意识到，孩子们是各自独立、富有情趣的人。

苏珊·莫萨特认为，坦白地承认自己对孩子爱恨交织，这意味着这位妈妈有着“非比寻常的成熟和坚韧”。但事实似乎刚好相反。妈妈若能敞开心扉并无条件地接纳他们，就需要妈妈具备一定的成熟和韧性。对孩子爱恨交织的妈妈或许并非是以自我为中心的人。她们的焦虑表明，她们的自我意识不是过于强烈，而是过于缺乏自我。

罗兹斯卡·帕克认为，如果妈妈们能对自己爱恨交织的感情有所思考的话，这将成为她们“自我认识的基础”。但

是，这些妈妈脑子里的一切全是她们自己的感受，而她们仍然觉得自己深陷困境。思考并不会把她们变得更加聪明。当然，“做白日梦”是很难获得自我认识的。与别人交谈所获得的启发对我们绝对有益。

这样看来，妈妈之间似乎有很大的不同。一些妈妈会因为内心的爱恨交织而倍受煎熬，而其他妈妈则不会。

简·拉扎尔告诉我们，在生儿子本杰明时，她一直在尖叫：“我已经许久没有听到过这样的尖叫声了。小时候，我曾被我妈妈（她死于癌症）的大喊大叫吓得发疯，我的耳膜都快破了。”儿子的出生似乎勾起了她儿时那些痛苦的记忆。后来，每当儿子哭闹的时候，她就感到痛苦不堪。以前，她经常对着儿子大喊大叫，让他安静。她后来才注意到，她在大喊大叫时，叫的并不是儿子的名字，而是她妹妹的名字。

然而，这些记忆之间到底有着怎样的联系呢？直到本书的结尾，我们才找到她将这些记忆联系起来的一些线索。在她的记忆中，小时候，她的妹妹“老是在哭，因为她已经想不起妈妈的模样了。她问我能不能当她的妈妈。我不由得苦笑了，虽然我只有9岁，但一想到家里的一切都要靠我，我还是答应了她”。这段话让我们理解了简·拉扎尔的痛苦。她是姐妹中年长的一个。如果妈妈是在她7岁时去世的，而在她9岁的时候，她的妹妹还老是在哭，那么，这姐妹俩一定承受了长达两年的悲痛（简快“疯掉了”），她们却没有得到来自成年人的任何安慰和理解。妹妹向简寻求安慰，而9岁的她却要在那么小的年纪，想办法给予妹妹安慰，而这些安慰也是她内心所渴望的。

儿子哭闹的时候，她内心那种无人安慰的悲痛似乎被重新唤起。难怪，她会在儿子哭闹时不由自主地喊出妹妹的名字。但是很显然，本杰明之所以会哭闹，并不是因为他的妈妈去世了。通常，新生儿哭闹的原因很简单，妈妈都能够识别，并能很好地解决。但是简·拉扎尔似乎不能做到这一点，或许是因为她将儿子急迫的哭泣与自己没有妈妈的童年联系在了一起。这或许能说明她身为人母的感受。或许，她对孩子未必就真的是爱恨交织。或许，她的痛苦是有原因的。她认为，许多妈妈对宝宝都是爱恨交织的，但是大多数妈妈都没有丧亲的经历，都没有感受过无人抚慰的痛苦，也没有在小小的年龄就承担起抚慰妹妹的责任。

有着简·拉扎尔那种经历的妈妈都能坦然地承认自己遇到了问题。在这种情况下，她会考虑寻求帮助，或许还会向朋友或顾问诉说自己的困难。

我们都沐浴在他美丽的笑容中

许多宝宝来到这个世上时，都会有一个对自己爱恨交织的妈妈。在面对妈妈爱恨交织的感情时，宝宝会有怎样的感受呢？爱恨交织的感情并不同于妈妈对宝宝发火之后又向宝宝道歉，因为这会让宝宝以为，妈妈一时的怒气只是一时的失态。相反，妈妈对宝宝的爱恨交织会让宝宝接收复杂的信息。妈妈时而对他充满爱意，时而又因为他要求过高而心生怨恨。婴儿虽然非常敏感，但是他们还不会分析自己的感受。对此，我们只能对宝宝的反应做出猜测。有时候，妈妈似乎很爱他，在另外的时候，她的情绪又发生了变化，要么冲着他大发脾气，要么对他置之不理。然而，妈妈却不承认这是自己的行为失当，反而声称这是母亲的一部分。

对于一个敏感的小宝宝而言，妈妈的这种情绪问题是极其可怕的，至少会让宝宝陷入困惑。宝宝从妈妈身上第一次感受到了亲密的人际关系，并了解到可以对别人有什么样的期待。通过这种关系，他很可能会收到这样的信息：爱就意味着要学会适应心爱之人莫名其妙的情绪变化。宝宝感觉不到自己被接纳，也不感觉不到安全感，相反，他会感觉自己在不断地和妈妈做斗争。这种新观点传播得越广，就会有越来越多的成年人一方面极度渴望爱，另一方面，他们对爱又感到困惑和恐惧。

相比之下，全心全意的爱显得更加直接。宝宝在婴儿早期需要大量的爱。在那些学会了克制的人看来，宝宝似乎太过贪婪，难以满足。然而，如果妈妈能给予宝宝全部的爱，她会意识到，其实宝宝也在用赞美回馈她。这时，美妙的事情就会在妈妈与宝宝之间发生，并持续一生。这就是为什么很多老年人在回忆起妈妈时，眼中总会泛起晶莹的泪花。妈妈们在谈及这一点时总是充满深情：

儿子躺在床上，我们都沐浴在他美丽的笑容中。（小王子，2个月）

每当我亲吻儿子时，他都会闭上双眼，快乐地享受这个过程。（小王子，6个月）

现在，儿子走路已经很稳了，他牵着我的手，我们一起往前走，站在桥上眺望远方。当时，我在想："这就是天堂，这就是最美好的事，这就是我们的完美时刻。"（小王子，15个月）

这就是天堂，
这就是最美好的事，
这就是完美的时刻！

一般来说，全心全意的爱是显而易见的。一个受到全心爱戴的宝宝喜欢与别人接触。他的经验让他知道，对方会对他做出友好的回应。所以，即使是小婴儿，也会表现出喜欢和人打交道的倾向。

许多妈妈在孩子生出后的前几个月时会感到非常沮丧，但在宝宝学会用语言表达自己以后，她们会发现自己与宝宝相处起来更加容易了。这时，妈妈和宝宝各自的身份变得更加清晰。在这一阶段，整个母子关系会完全发生翻天覆地的变化。通常，母子之间身体上的接触会变少，一些妈妈会非常适应这种变化。在外人看来，亲子关系或许无须用心经营。但是，母子间亲密关系的基础始终牢不可破。比如，妈妈会想了解宝宝在学校里的情况。她仍然会关注他的感受，但不会像婴儿期那样事无巨细。当孩子长大离家，妈妈会有很长时间都听不到孩子的任何消息。之后，妈妈对孩子的各种事情都会表现出兴趣。

在这一阶段，亲子关系显得轻松自如。但是母爱并不是从天而降的。亲子关系的初期似乎充满了痛苦，就像是单向交谈，因为宝宝不会有任何回应。但是妈妈内心的爱是无法否认的。妈妈的爱几乎是在接受考验，妈妈会尝试各种办法，来确保母爱始终围绕着宝宝并值得宝宝全心全意的信任。或许宝宝出生前几个月的测试阶段正是妈妈的爱能一生经久不衰的秘密。

第十章

觉得失去了自我，妈妈该怎么做

我将自己的身份重新定义为“母亲”

如果一位准妈妈走进图书馆问：“我的宝宝会有什么样的发展呢?”图书馆员会给她展示一些育儿的书。可如果她问：“那我呢？我身为母亲，会有什么样的发展呢?”读者或许会很惊讶。“母亲的发展”不是一个常见的内容主题。几乎与此相反，许多人似乎都认为，母亲会有退化的风险。尤其是在这位母亲不外出工作的情况下，人们会认为，她一定是被“困”在家中，做着乏味而重复的家务活，什么事都无法激起她的兴趣。

确实有一些妈妈是这样描述自己的生活的。但是，所有的妈妈都是这样吗？有没有妈妈能给我们一些未正式出版的、不一样的故事版本呢?

那天，我在签一张支票的时候惊讶地发现，我签的还是同一个名字。我想：“在经历了这些事情后，难道我还要用之前的名字吗?”嗯，我不知道是否想过那些话，但是，我心里就是这么想的。(小王子，1个月)

有人问我：“你回到正常的状态了吗?”不，我不可能回归到正常的状态。我也没指望能这样。孩子出生后，一切都不同了。“正常状态”已经发生了改变。(小王子，6周)

生了宝宝之后，我成长了很多。我被推入了一个新的领域。(小公主，7个月)

我感觉，我现在处于一个新的轨道上。以前我在另一个轨道，我只会关注那个轨道里的事情。现在，我已经完全进入了这个轨道，我进入了一个完全不同的系统。(小王子，9个月)

就像向平静的湖面掷一颗石子，激起了层层涟漪。孩子就像那一颗石头，只要他一生下来，一切都已被改变且影响力巨大。（小王子，1岁）

从这些妈妈的话中，我们并未感到她们的退化。甚至，她们似乎在描述一种令她们难以承受的变化。这到底是怎样的变化呢？它为什么造成了如此大的差别呢？

这个问题妈妈们很难解释。也许我们可以用一些比较简单的词汇，比如“打开”“腾空间”来形容这件事。然后，我们就可以把这个过程总结为“一个新手妈妈打开自我的新方式，以此为日益长大的宝宝提供足够的成长空间”。

随着时间的推移，宝宝渐渐长大，母亲的注意力逐渐降级，人们把为母之道描述为“逐渐放手”的过程。但实际上，她不可能会完全放手，变回没生孩子之前的那个她。一旦她向宝宝张开了怀抱，她的内心就会随之敞开。这种改变不仅影响巨大，而且会贯穿她的一生。

妈妈们希望以一种特别的方式来描述她们的感觉。

我脑子里一直想着一些琐碎的事情，比如：我要先去梳头，然后穿牛仔裤，这种想法很奇怪。感觉一点儿都不像我。我觉得这是一件恐怖的事。这并非是孤立的，而是我要变成那个新人，而这个人是我所不认识的。（小王子，8周）

我觉得我的人生翻开了新篇章，然而我也不清楚我现在变成了什么样。（小王子，4个月）

我觉得，我有了一个全新的自我，那就是当了妈妈的我。可是，以前工作型的我和其他的自我到哪里去了呢？我要怎样才能找回以前的我？还能找得回来吗？（小公主，7个月）

有天晚上，我为了从前的自己而垂泪。曾经的我已经一去不复返了。我觉得我应该纪念一下那个自我的逝去。我正在将自己重新定义为一位母亲。我是谁？那个过去的我去哪里啦？我还真不清楚。（小王子，16个月）

并不是只有新手妈妈才会感受到这种改变：

这种感觉是不间断的。我喜欢。对，尽管它没完没了。并且我会时常想：以前的我去哪儿啦？我知道，“她”肯定在某个地方，但是我无法找到“她”。有一天，我问先生：“你还记得曾经的我吗？就是那个被你爱上并与你步入婚姻的女人？”（小公主，3岁；小王子，半岁）

我的眼里只有她

妈妈们描述这种变化的方式是值得关注的。人们常说，一件事真的可以改变一个人的人生。但妈妈们总是不约而同地互相倾诉，有孩子也改变了她们自己。而这又意味着什么呢？

起初，为了确保万无一失，妈妈把孩子的任何事情都当成生死攸关的事情。这样的关系对于宝宝来说是失衡的。很多朋友都会劝新手妈妈，要记得自己的需求。然而，在妈妈和孩子磨合的过程中，这样的平衡就逐渐改变了。最后，妈妈也终于可以恢复自己的个人生活。然而，在紧急情况下，她仍然会恢复至“孩子第一”的状态。就算孩子在进入儿童期、青春期和成年期之后仍需要她的关注，她似乎仍然会开辟出一个同样广阔的注意力空间。孩子那熟悉的哭声，尤其是孩子的眼泪，会重新唤起所有妈妈那古老而强大的保护欲。

这就解释了为什么一个妈妈会说她自己被完全改变了。做出这个转变并创造出这样一个亲密空间是一个复杂的过程。但是对于妈妈来说，最迷茫的或许是缺少一个褒义的词语来给予肯定。她或许完全忽略了达成目标的那些时刻。当她安静地解决了为母之路上最困难的挑战之后，她或许会责备自己没有“做得更多”。

我是一个很注重视觉效果的人，我的工作就与我擅长艺术品鉴有关。但现在我的视野完全然缩小了。我看到9英寸之外我女儿的小脸，她就是我所在乎的一切。一个朋友告诉我周边有美丽的景色——而我却从未留意到。（小公主，2个月）

这一变化已经被人们感知到了，但通常都是一种负面的看法。许多女性主义者将其视为母亲的自我牺牲而加以谴责。一些心理分析学家将其描述为母亲的“受虐狂”。一方面，一位为了孩子完全牺牲掉自我的不快乐母亲的形象，对母子关系良好时错综复杂的利益平衡并不公平；另一方面，女性主义者和心理分析学家或许已经识别出一些女性对待为母之道的方式。

忽然之间，你已经做到了

但试想一下假如一个妈妈的“心灵之所”并未清空呢？能不能找到她在孩子身上花这么多精力的好处呢？如果这样的话，她会不会耗尽自己的精力呢？

我属于自私的那一代人。从小到大，我都以为“我要这

个”就等同于“我应该拥有这个”。但是在生了儿子之后，我的想法改变了。这个契机让我重新思考这些观念。（小王子，8个月）

这件事情不像是妈妈的自我牺牲，而应被看成走向新的成熟阶段的一步。不论她是否一直自以为是一个自给自足的“我”，她正在与宝宝形成一种自我质疑的关系。成为一个妈妈并不只是做一大堆的繁杂琐事。亲子关系是最基本的关系。调整自己成为跟另一个人分享生活中的大部分琐事并不容易，而这种改变会让人筋疲力尽。

你觉得这件事情很难。太艰难了。但是，忽然之间就发现你已经做到了。（小王子，7个月）

她们只是用最简练的语言来形容这一存在已久的发现。很多妈妈说，只有在她们在失败中放弃某件事的时候，她们就不再挣扎了。然后，她们似乎才会向相对轻松的事情妥协，然后重新开始。

那么，这是什么样的妥协呢？与宝宝相处意味着生活节奏要慢下来。就像要在心里为宝宝留一片空间一样，这样放慢速度的过程从怀孕就开始了。假如你腹部有一袋沉重的羊水或者一个时不时踢你一脚的胎儿的话，你每天的行动就会艰难起来。分娩之后，妈妈会想找回较快的生活节奏。然后她又意识到孩子不会喜欢快节奏的生活。他喜欢研究和了解世界，为此，他需要为这些活动留出时间。如果妈妈放慢步伐，宝宝会更加满意。为了宝宝放慢生活节奏，其实是很难的。

对于全职妈妈来说，这一过程或许听起来很奇怪。放慢生活节奏听上去像是遥不可及的奢侈，但必须有人照看她的宝宝。老板并不会让她们上班时带着孩子，所以宝宝只能托付给别人。于是，一个关键的第三方就被卷入了这对母子关系中。而不得不放慢生活节奏的，或许就是这第三个人。有时，全职妈妈说，她们发现自己要同时充当孩子照看者和孩子母亲的角色，正如一位母亲所说，即使孩子的照看者比孩子母亲年长许多，但全职母亲仍然要表现得“像一个大姐姐似的”。“全职母亲”并非一种一成不变的角色。母亲们遇到任何事情事情都可以做出调整，她们会屈从于自己的注意力，要么重回职场，要么改为兼职员工。然而，假如一个妈妈是全职员工的话，她就只有有限的时间来开会、谈话。在本章中采访到的妈妈都是在休产假、个体户、自由职业或无业妈妈。她们的一些经历可能会引起大多数妈妈的共鸣。同样，一个职场妈妈可能也会从这些内容中看到自己的影子。

在我习惯母乳喂养之后，我常常到处乱逛，去造访朋友。后来，宝宝的体检结果显示，她的体重不达标。我一下子就被吓坏了。于是，我把节奏放慢下来，现在我得心应手多了。这也是我在当妈妈后学会的——与宝宝融为一体。（小公主，2 个月）

我喜欢像这样“快走”可以去任何地方。但带着女儿出门，我就不能这样了，我已经完全慢了下来。这种感觉很好，我的身体感觉也比以前鲁钝多了。（小公主，5 个月）

有时候，我有很多事情要做，但我还是把宝宝抱在怀里，这让我有种放松的感觉，真神奇。（小王子，5 个月）

我跟先生曾经在宝宝天地学习了 7 个月。但是，有一位朋友来拜访我们，我曾经与她一起学习，而她滔滔不绝地谈

论着最近的测试。我就想：现在她改变了吗？我以前是不是也和她一样？（小公主，7 个月）

我改变了很多。我以前是个很没有耐心的人，我讨厌等别人。但是宝宝教会了我耐心。对于我来说这点是很难学的——但是又能有什么办法呢？（小王子，11 个月）

你慢慢学会了把生活节奏放慢，欣赏小细节

为人之母教会了我耐心的价值，无与伦比的价值。妈妈们很快就了解到，学会耐心比急躁不安更加有效，可以很快让处于焦躁状态的宝宝安静下来。妈妈们对宝宝的耐心如果可以被收集起来转变为可见的物质，它一定可以填满整个海洋。它是无价之宝。

变得耐心也是放慢生活节奏的一种表现。慢生活确实有不一样的作用，它可以让妈妈放松下来。这意味着她可以和孩子用一种熟悉的节奏来相处，这就让她能够有时间来发现孩子的每一个细节之处，而往往正是这样不起眼的细节之处才给了她了解孩子的重要根据。

耐心是放慢节奏这一过程的一部分，放慢节奏会带来变化。它有助于妈妈放松自己。这意味着，她可以与宝宝保持近似的生活节奏。这样妈妈就有时间去关注细节。通常情况下，她所留意到的细节是她了解宝宝的关键线索。许多妈妈都报告说，她们以前从来没有觉得自己镇定自若。而我们在看到她们如今如此富于责任感之后，或许会感到很奇怪。但是，生活节奏放慢之后，妈妈可以辨别出何时应表现出担忧之情。

啊——啊——啊——

对于新生儿来说，当他躺在床上的时候，天花板似乎显得十分重要。等到他稍大一点，会对妈妈做的事感到好奇，不管是大米从米袋倒进金属锅，还是水从水龙头里哗啦啦地流出来，还是鸽子翅膀拍打和猫尾巴伸展，这些声音都会对宝宝有所反应。对于一个只会爬行或蹒跚学步的小孩子来说，土地和周围的一切都能引起他的兴趣。一个正在学习了解宝宝的妈妈可能会突然注意到普通碎石小路的美。从这个角度来看，看到别人行色匆匆、惜时如金时，妈妈似乎些惊讶，这些人匆匆忙忙地干什么呢?

妈妈：我昨天带女儿出去散步了。

我：昨天你被淋湿了吗?

妈妈：淋湿了，但是，女儿喜欢下雨啊。她把衣服上的帽子扯下来，仰起小脸，兴奋地“啊啊啊——”叫着。（小公主，6 个月）

你学会了放慢节奏，享受小细节。（小王子，1 岁）

有些妈妈觉得，放慢生活节奏、跟孩子朝夕相处，这会让人发疯，或者会把自己变成奶牛或废人。有些妈妈确实感到万分沮丧。而有些母亲觉得，改变节奏生活，反而把生活中新的东西教给了她。

当我在纠结的时候，我只是看着女儿，她似乎怡然自得，这让我很安心。当她看着一支铅笔的时候，她的眼里就只有铅笔再也没有其他。（小公主，5 个月）

成为妈妈，就是要不停地改变你之前固有的想法。当儿子想要妈妈的时候，我心里想：“你不是又想要我抱吧?”但他是真的想要妈妈。假如我心怀抗拒，那么，就有麻烦了。（小王子，8 个月）

刚开始的时候，我觉得我是个失败的妈妈。我觉得我还没有做好当妈的准备。所有人都在讨论孩子的喂奶时间和睡眠规律。我就是无法参与进来。我做不到任由孩子大哭却置之不理。我很高兴我坚持了下来。现在我可以看到他的变化了。我无须去做自己认为残忍的事。我自认不是一个值得信任的人，但是我却学着去信任我的孩子。（小王子，15 个月）

我觉得我女儿是一个特别难对付的小家伙，她的成长发生在内心里。（小公主，21 个月）

在过去的两年里，我很多时间都在怀疑自己。但现在我却觉得，我跟儿子之间的信任浩瀚无边。（小王子，2 岁）

我想说，我已经超越了只注重外表的肤浅阶段了

最开始，妈妈总是事事担心，再小的事情都要亲力亲为。这些例子中的妈妈明白了一点：随着她们对宝宝的日益了解，她们知道了宝宝们到底有多么敏感。他们知道自己需要什么。大人们真的可以信任他们。

一个妈妈选择去相信孩子，也是认为自己的信任是正确的。突然之间，她以一个在快节奏的城市生活中游刃有余的女性身份，开始学习一种更加贴近自然、更加传统的慢生活方式。这是一种更和谐的方式，使一个人与别人友好相处。当一个妈妈发现她可以放心地信任孩子的时候，她就学到了保持镇定的新方法。

这就是在文艺复兴时期艺术家们竭力在画作和雕塑中向我们传达的母性的宁静。但这并不是女性与生俱来的，也不是任何母亲能一直拥有的品质。这只是妈妈们一种阶段性的

成就。很多妈妈对这种母性的宁静似乎都在历过猝不及防，视而不见然后又失而复得的过程。

母亲或许会觉得，自己暴躁易怒、精疲力竭、手忙脚乱，与圣母的形象相差十万八千里。带孩子的时候，大多数母亲都无暇顾及自己的外表。她们坦承，有些妈妈仍然会每天洗澡、打理头发、化淡妆，她们说，这是为了自己的面子。而其他妈妈们则直言，她们终于不用迎合社会的期待了。

我过去从来不会不涂口红就出门的。(小王子，2 个月)

我的价值观被改变得很快。有孩子之前，美发对于我来说是一件很重要的事情。但上个星期，我去美发店，店员问我是否需要刘海。以前这是一项重大决定，但现在我一点都不在乎！(小王子，2 个月)

我看着大街上的行人，仔细地观察他们的衣着打扮，我很想朝他们大吼："你们为什么要这么浪费精力？"但是我不想显得无礼，但我觉得，我已经超越了那个阶段了。(小王子，6 个月)

有时候妈妈们会被认为是对自己的外表失去了信心，所以才对自己"放任不管"。如今，妈妈们的非正式着装标准似乎就是纯色 T 恤和牛仔裤。那些在玛丽·卡萨特（Marry Cassatt）油画中女人所穿的质地柔软、材质飘逸的薄纱裙在今天已经很鲜见了。毕竟，现代的女性从小就是以在职场上与男性拼杀为目标而培养起来的。所以，毫不意外的是，她们的着装更倾向于中性。然而，她们的表情并不中性。新时代的妈妈们不再表现得那么高冷和优雅，尽管这在如今的时代更受青睐。相反，她们彬彬有礼、温和的谈吐更令人印象深刻。在我看来，尽管她们的穿着简单干练，但却比任何一个时代更能凸显女性气质。

毫无疑问，成为母亲是性发育的巅峰。还是有很多妈妈对自己的外表感到抱歉，似乎人们一直认为女性应该穿戴漂亮地待在干净整洁、一尘不染的家里。那些即使披头散发、穿着性感却仍然自认为性感美丽的妈妈们可谓少之又少。

我小时候就是个假小子。我总是跟男孩子玩，就算跟女生玩，我也是很男孩子气的。在学校的时候，我总是被鼓励着跟男生竞争，让男生知道他们能做到的我也能。当我知道我怀孕了，我很害怕自己怀的是女孩，因为作为女性，我压根就不是一个好榜样。但现在，我的母性让我平生第一次认识到自己那些被压抑和遏制的女性气质。我最近甚至还穿上了裙子，而我以前却几乎没有这么穿过。我觉得……如此如释重负！（小王子，2 个月）

并不是每一段友谊都能够天长地久

一个新手妈妈或许希望能够跟身边的老友倾诉她的这些天翻地覆的改变。这时，老朋友是非常重要的。朋友们可以安慰这个妈妈，因为她们记得得自己在成为母亲前的样子。在她们的帮助下，新手妈妈想起了“以前的自己”。然而，一旦一个女性当上了母亲，她的朋友圈肯定会有意想不到的扩展。

一个朋友问候我：“你好吗？”我的眼泪立刻就掉了下来。我还真不习惯自己现在的样子，要知道以前的我总是镇定自如、坚强无比的。（小公主，1 个月）

我的一个朋友有不孕症。跟她见面的时候，我很惶恐，但我不想失去这段友谊。最后，我主动去看望了她，她跟我儿子相处得非常融洽愉快。这真让我如释重负。（小王子，5 个月）

我想，别人总以为我非常能干，所以，他们从来没有向我提供过任何帮助。我指的是，当朋友来摁响我家门铃的时候，我马上振作起精神，但他们没有察觉到在他们来之前我的状态很不好。所以现在我意识到，我必须开口求助，他们才会帮助我。(小王子，5 个月)

并不是每一段友谊都能够地久天长。成为妈妈后，妈妈会产生根深蒂固的育儿观念。有时候，妈妈们会与自己曾经的闺蜜保持来往，但却发现两人已心生隔阂。彼时双方都会说，她们的育儿观念存在着不可逾越的鸿沟。

我昨晚跟一个相交多年的朋友吃饭，但是我觉得她现在已不再是我的朋友了。她双目圆睁地告诉我，当孩子哇哇大哭的时候，她却置之不理，站在楼梯下抑制着冲上楼去的冲动，尽管孩子才 4 个月。“我必须这么做。我要回归到以前的生活，”她说，“我们不可能都像你一样。”然后，昨晚大半夜我都没睡着，心里还在想她说的这些话。我觉得如此不安。(小王子，14 个月)

女性通常拥有各种各样的朋友，既有普通朋友，也有亲密朋友。但是，在她最需要的时候，却发现朋友们都在忙于工作。有些朋友要么是选择不要孩子，要么是还没生孩子。有些则在生了孩子之后返回工作岗位，很少有时间聊天。那么，现在她到底属于哪个圈子呢？

我发现，要想在孤独和陪伴之间实现平衡，那是很难的。我需要一定的时间跟儿子独处并了解他。但是，在爸爸回来前的那几个小时都和他单独待在一起。(小王子，3 个月)

天气很好，于是我带女儿到公园去散步。我不断地看到一些妈妈三三两两地聚集地那里，似乎每个人都很快乐。转念一

想，我就开心不起来了，因为我觉得自己是公园里的一个异类。（小公主，3 个月）

帮助我熬过这一年的，是与那些同为人之母的妈妈交上朋友。最初，我只是独自撑着，没有跟任何人交朋友。但是后来我发现，她们是如此热情和乐于分享。现在我也变得更加开朗和乐于分享。我有了许多朋友可以听我倾诉。（小王子，1 岁）

妈妈们之间的这种合作联系是至关重要的。她们更加关注有关宝宝照护的实际问题，而非母亲自身身份变化的问题。但在向另一个妈妈倾诉之后，妈妈可以获得理解、信心和安慰。成为妈妈，可以教会女性了解女性朋友给予自己无私帮助的价值，这是女性们以前无法体会的。

对于当妈妈这件事，我还是太过敏感了

对于妈妈来说，她们最关心的事情还是宝宝的健康问题。很多新手妈妈之前没有思考过这个问题。忽然之间，这就成了妈妈必须面对的头等大事，尤其是关于接种疫苗这件复杂的事情。仅有很少一部分的妈妈接受过这方面的教育。在这个方面，她们比起上一代妈妈有更多的选择，然而对于一个外行人来说，想要分辨出哪种疫苗更加靠谱是很难的。有些妈妈可能会一星期要带孩子去医院好几次。但是最起码医生可以明确告诉她是否需要担心些什么。

宝宝得了湿疹。他脸上长满了红红的疹子，整张脸都肿了，宝宝一直在尖叫。这真是太可怕了。我想，作为一个妈妈，我还是太脆弱了。（小王子，8 周）

我查阅过一些有关疫苗的资料。然后，我就陷入了纠结之

中。好像相信选择哪一种观点都不安全。(小公主，2 个月)

我是一名护士。但是，当我的宝宝上个星期生病的时候，我都没法给他量体温。我不相信自己的判断。于是我带他去医院，跟医生说："你来量吧!"(小王子，4 个月)

宝宝病了大约一个月。我发现，在他生病的时候我真的很难照顾他。我眼前总是会浮现他正在死掉的画面。在生孩子之前，我是一个总是要向别人寻求帮助的小女孩，尽管我已经快 40 岁了。有了孩子之后，我变得更加成熟了。(小王子，15 个月)

一位残疾的妈妈是这样跟我描述她的淋浴座椅垮塌的："几乎要碰到宝宝的头顶了。"她的第一反应是，座椅是因为承受不了她的重量垮塌的，她却无法把它移开。现在，她仍然十分震惊，一直在跟别人说起宝宝可能发生的危险。她跟我说的时候，我问了她三遍她有没有事。她竟然始终没有回答我的问题!

令人遗憾的是，这种想法竟然被人抹黑为"忧虑"，因为在孩子生病的时候，妈妈对孩子安全和健康的全部担心或许都是很必要的。几个世纪以前，家庭成员遇到此类问题时，都会向家中的母亲咨询，就像现在我们咨询医生一样。"当一个家庭或农场出现意外的时候，不管是孩子在幼儿园还是在家里出现了发烧的症状，抑或有人出现癫痫或痁疾，大家都会不约而同地向家里的女主人求助。"克里斯蒂娜·霍尔(Christina Hole)在《十七世纪的英国家庭主妇》(*The English Housewife in the Seventeenth Century*)中写道。

在我第一次阅读到这个的时候，我只是把它当成一段遥远的历史。当孩子还很小的时候，紧急情况总是突然出现的。医生并不是随叫随到的，就算她有电脑，此时也没有时间上网查询症状。她必须以自己仅有的那些知识立即做出应对，与所有妈妈一直以来的做法一模一样。在经历过之前这些危机之后，她那些被人批评为“对孩子小题大做”的经历变成了非常宝贵的经验，成为她以后应对新情况的垫脚石。

在宝宝成长为儿童的过程中，妈妈对他短期内的性命无虞越来越有信心。但这时她开始考虑孩子的未来。

我觉得自己病了，身体虚弱，情绪低落。我大哭起来，觉得宝宝一生中将要承受好多痛苦。每个人都要承受痛苦。(小王子，10 个月)

在我家门口，有一个人被车子撞到了。我忽然开始担心宝宝以后可能发生的不幸。这种想法让我不知所措。我不能一直这样想。(小王子，1 岁)

妈妈不仅对宝宝充满担忧。她还要成为宝宝的依靠。当她有了这样的意识之后，她就产生了一系列的新烦恼。无法避免的，当她们自己身体有恙的时候，就会担忧宝宝会遭受到什么。几个世纪以来，从母亲们的诗歌和日记中可以看得出来，母亲的健康问题始终令人担忧。今天，产妇生孩子的死亡概率已经大大降低了。在为人之母之前，女性可能很少会想起自己的性命无虞。但是有孩子之后，这个问题就摆在了眼前。

在生下儿子之后，我忽然对自己的死亡充满恐惧。我忽然意识到，对于宝宝而言，这将是一件多么糟糕的事情。(小王子，5 个月)

所有的这些担忧总认为是病态的，但妈妈们确实要面对这样的事实。通常，她们会想象出各种各样可怕的情节。幻想这些似乎就是为了这些情况成真的那一天做准备。

每天做一些跟孩子无关的事情……哪怕只有半小时

妈妈们会花很多时间来畅想未来。尤其是在哺乳的时候，她会怀抱着熟睡的宝宝，一抱就是几个小时。她的眼睛无数次地打量孩子的浑身上下。这个独特而敏感的小人儿是谁呢?她的好奇引领着她一遍遍仔仔细细地观察孩子。这些至少会和心理学研究的数据那样，观察到的只是表象。大多数妈妈都没有儿童心理学专业的学位，所以她们说起自己所观察到的一切时会比较谦卑。但是当她们说到她们的观察时，你会惊讶于她们细致入微的观察和深刻独到的见解。

作为一个心理学家，我发现有关宝宝的事情都跟我所受到的训练相违背。(小公主，出生6周)

妈妈：宝宝每天夜里都会醒来，想到处乱爬。

我：你是怎么知道的?

妈妈：因为他趴在床上，全身前后用力地晃动着。(小王子，5个月)

为什么宝宝们都喜欢互相摸头呢?这似乎是个很普遍的现象。(小王子，7个月)

我觉得，孩子在顽皮的同时还会看着你。当宝宝拿不准的时候，他就会看我的脸。但是当他明确知道这件事是我不允许他做的，他就不会看我的脸。(小王子，14个月)

在了解孩子的过程中，妈妈也逐渐了解自己。她是亲子互动的关键角色。

我记得，我一边看着孩子一边自言自语：“你是对的吗？”然后，我就想：“不，这太荒谬了。”我在想：“他是对是错呢？”然后，我才会感到释然。于是，我推翻了这个想法，然而，这样做却很奏效。如果我释然了，那么，宝宝就会释然。（小王子，半岁）

我注意到，在我脾气不好的时候，宝宝便会难过。先生和猫也会痛苦。我身边所有的一切人都会痛苦。而当我心情好的时候，大家都会平安无事。（小王子，14 个月）

我学会了听从自己的内心。我的情绪常常会把问题变得更严重。在儿子 4 个月的时候，我的父亲去世了。我非常伤心，经常痛哭。有一天，宝宝一连 8 个小时都不愿意吃母乳。我把他抱到我胸前，他却把头扭开。在回顾这件事的时候，我意识到，对于我的情绪，他其实是很敏感的。（儿子，2 岁；女儿，4 个月）

宝贝们对于自己的妈妈表现出惊人的敏感。这不是孤立的现象，也不是无关情感的事。他们会充满热情，温暖贴心。很多妈妈是严于律己的人，总是对自己的功劳轻描淡写。从宝宝身上，母亲会发现被别人完全接纳是一种什么样的感觉。她的宝宝可以帮助她找到并珍视她的自身价值。

在局外人看来，这些似乎都是需要妈妈自省的事。妈妈对宝宝是不是太紧张和太过关注了？她们是在小题大做吗？约翰·柯布博（John Cobb）博士命令母亲们：“每天做一些跟孩子无关的事情……哪怕只有半个小时，但这将是另一种生活。每天只有这一次机会，就可以把你从孩子和乏味的生活中强行拉出来，而你却可以享受到为人之母之外的生活。”

成为妈妈的过程就是一个回到现实的过程

妈妈们真的把过多的精力花在孩子身上而无暇顾及他人吗？我们能做的只有倾听。照顾一个孩子会提高妈妈对人性脆弱的意识。妈妈们并非与外面世界脱节，相反，她们常常变得极具社会敏感性。

当你大在街上看到那些贫困潦倒的人时，你会想：他们也曾经是小宝宝啊。你会好奇：他们的父母都是谁呢？（小王子，2 个月）

我带女儿去看安妮·弗兰克（Anne Frank）的展览，那里有一个演讲。它深深地震撼了我。女儿有一半犹太人的血统，但这件事当时感动了我，时至今日，我仍然十分感动。虽然这听起来是两码事，但是我只是抱紧了手中的女儿。（小公主，11 周）

当母亲之后，我改变了许多。这给了我决心和方向。早上醒来的时候，我都会想着要如何给宝宝一个更好的居住地。我以前常有乱七八糟的想法，但是现在它们都清晰起来了。（小王子，9 个月）

这种感觉需要被人理解。身为母亲，她对那些宏大而抽象的问题或许并无这样的感觉。因为她现在已经跟一个独立的小宝宝联系在了一起，她可以从更多地从个人的出发点来打量这个世界。那种宏大的泛泛之论是靠不住的。取而代之的是，妈妈们会尤其关注那些不公平的事。有了宝宝之后，妈妈们会用一种不同的视角来审视这个社会，对个体的脆弱性更加警觉。

他们也曾经是小宝宝啊。
他们的父母都是谁呢？

很多妈妈都对理想主义持怀疑态度。毕竟，成为妈妈的过程就是一个回到现实的过程。绝大多数准妈妈都要用9个月时间来思考自己想成为哪种妈妈。我们大多数人都曾信誓旦旦地说要耐心对待孩子，把我们不曾拥有的一切都给他们，还有我们太多的英雄般的抱负。然而，为人之母是治疗这一切妄念的良药。现实中的可能性教我们学会了谦卑。

在儿子出生前，我买了一些漂亮的布料来缝制衣服。我还想烤面包。我曾以为，要做这些事的时候只需要把宝宝放到摇篮里即可。我曾以为，我能在带孩子的同时做好这么多其他的事。但是，我现在连把衣服好好穿上的时间都几乎没有。(小王子，5周)

我看着孩子，这种感觉就像拥有了一条新裙子。你舍不得穿上它，因为你总担心食物会掉落上面。但是，不巧的是，我不可能一直把孩子好好地收藏在橱柜里。（小王子，3个月）

由于未能自然分娩和母乳喂养，我一直十分哀伤。我先是做了剖宫产手术，然后我就因为贫血而输了血。我的奶水总是不够。但是现在我很享受当妈妈的感觉。(小王子，4个月)

在宝宝出生前，我整整花了九个月来试图把我的情绪调到最佳状态。我猜她和我一样，也必须学会与对方共处。(小公主，6个月)

怀二胎宝宝会加深这种认识。

在怀着第一胎的时候，我知道我怀孕了，我真切地注意到了各种变化。现在，我一边兼顾工作一边照顾儿子，我的

爸爸又病了，我也没有时间来想关于宝宝的事情。这件事就是这样的。(小王子，15 个月，二胎怀孕，17 周)

我现在意识到没有所谓的正确方法。在怀第一个孩子的时候，我时时刻刻都在做重大抉择。现在我放松多了，并且容许自己犯错。(大公主，2 岁；小公主，3 个月)

妈妈有着非常微妙的社会角色

那并不意味着妈妈们可以接受自己的一切行为。许多准妈妈会暗暗担心自己会变成那种可怕的母亲。通常情况下，母亲最大的担心是不易察觉的。但是，假如她没有成为内心深处的那种完美母亲，会发生什么情况呢？她无法装作这一点都不重要的样子。

罪恶感有适度与过度之分。如果你从未有过这种感觉，你会自鸣得意的。(小王子，13 个月)

你可以从做错的事情中学到很多教训。你要有这种意识。(小王子，13 个月)

绝大多数人低估了妈妈在控制自己急性子时所付出的精力。不再保持耐心，把气撒到孩子身上，这样的冲动始终都在。更确切地说，对一个新生儿动怒，更易被视为是一种不合时宜的行为。但是，随着他日渐长成为一个充满活力的孩子，他就越来越像一个个体的人。这样就更容易让妈妈忽略他是多么幼小，自己发起脾气来时，孩子会有多么震惊。

有一天，儿子用头撞了我，我差点昏过去。我真的很痛。我是一个脾气暴躁的人，可是这次，我惊讶地发现，我居然

没有发脾气。我了解孩子，这只是一个意外。这不是他的错。他不是有意伤害我的。(小王子，8 个月)

当时，我们遇到了堵车，女儿一直在尖叫。我要小便，我心想:“我不能把车靠到路边，只能尿裤子了。”女儿的尖叫让我无法忍受。我心烦意乱，我真的害怕我会做出什么伤害她的事来。最后，我摇下车窗，冲着马路大吼了一声:“你能马上闭嘴吗?”旁边车上的男人用幸灾乐祸的眼神看了我一眼。然而，我还是感觉好多了，但是女儿被我的大吼吓坏了，在回家的路上一直不停地啜泣着。我想，宝宝一生气，他们就可以把所有的情绪都发泄出来，但我们成年人不能这么做。(小公主，9 个月)

我对宝宝发了脾气，然后，我忍不住失声痛哭起来。他把洗衣机的甩干模式设置为两个小时。我唯一穿得下的一条牛仔裤和我妈妈织的一件毛衣都在里面。两件衣服都缩水了。这不是宝宝的错，他只是好奇。但是，我还是不可抑制地生气和烦躁。(小王子，11 个月)

学习控制自己脾气的过程是困难的，但这意味着全职妈妈不至于“不知所措”或“停滞不前”。与宝宝心意相通，会促使妈妈在许多方面得以成长。

妈妈并没有脱离社会。人们有时以为，假如妈妈不去工作，她好像就成了这个社会的“局外人”，已经失去了社会角色。但其实妈妈有着非常微妙的社会角色。作为妈妈，她与其他人和孩子都会心意相通。她们需要用简单的语言向孩子解释微妙的社会关系。有时也会因为孩子的不当行为而不得不向人们道歉或解释。

在保护孩子的时候，妈妈可以聚集起连自己都惊讶的力量

有一位妈妈带着她的双胞胎女儿在汉普斯特德公园的咖啡厅外面玩耍。我无意间听到，她先是向她的一个女儿解释她和一位叫玛姬的大人的感觉，然后又向这个女儿讲了自己与玛姬之间的谈话：

女儿想跟你的小狗打招呼。她怕狗，但她想以自己的方式来克服这一困难。来这里，女儿，小狗真可爱，真乖！好的，玛姬，我们稍后在广场见。拜拜，到时候见！噢，天啊！真遗憾，女儿！是的，我知道，小狗跑了。小狗跟玛姬一起走了。没关系的，一会儿我们还能在广场看到小狗的。到时候我们再跟它打招呼。我们会再见面的。哦，可怜的女儿，小狗走了，真是遗憾！来吧，我们快点收拾东西赶快去广场吧！（双胞胎小公主，2 岁左右）

妈妈们经常处于这种位置。这需要仔细观察、敏感细致和机智练达。她们必须尽快察觉误解并清晰地想出解决办法。

你变成了一个无所不能的妈妈。我从来没想过我会对人们对我和宝宝的方式如此敏感。（小公主，7 个月）

有时候，人的耐心、敏感和机智会突然失效。妈妈会惊讶地发现，自己竟然能如此耐心地对待孩子，而在保护孩子免受他人欺侮时，妈妈可以聚集起连自己都惊讶的力量。

这让我变得更加坚定自信，那些无关紧要的事情都消失不见了。我甚至告诉了我爸爸我对他的看法。我是说，在有宝宝之前，我是爸爸的宝贝女儿。（小王子，9 个月）

有一次，我推着婴儿车带宝宝乘坐公交车，忽然，不知道从哪里冒出来两个老妇人，她们开始推搡我。宝宝差点就被推到走道上了。这让人愤怒。我真的生气了，立即伸出手臂来阻止她们。一年前，我根本不敢这样做。（小王子，10个月）

人们有时会建议妈妈放下宝宝出去休息一下，暂且把照顾宝宝的责任抛却脑后。听起来这是个善意的建议。但在宝宝未满周岁之前，这个建议是行不通的。如果妈妈暂时离开了宝宝，她也会不断地提示自己是个妈妈。

有一次，我跟女朋友去一家酒吧。这是第一次我离开女儿。过了半个小时，我才真正听进去朋友在说什么——你知道，我的心都在孩子那儿。旁边有几个男人在看着我们。我朋友指给我看。我一点都没注意。现在，我已经不是待嫁之身了。我是一位母亲！（小公主，7周）

在女儿还很小的时候，有一次跟朋友出去时我说："我现在得回去了，我女儿在哭。"然后我就真的听到了女儿的哭声。我自己也很惊讶。我在外面怎么能知道女儿在哭呢？然后等我们回到家，女儿果真在哭。（小公主，7个月）

我去了一家电脑硬件商店，没有带女儿我觉得有些古怪。结果，我发现所有东西都买错了：油漆、剥离器、刷子，全都不是我想要的。（小公主，7个月）

失去自信，这就是成为母亲所带给我的

只有在妈妈试图连接起自己的两个世界之后，她才意识到自己成长了多少。她可能会重新考虑她以前的设想。她的

生活节奏会放得更慢，而她或许会感到更加务实、更加脚踏实地，也更能够关注那些她觉得重要的事情。她的老板或许并不会意识或领会到这一点。吉姆·贝克·米勒（Jim Baker Miller）写了一本名为《走进女性新心理学》（*Towards a New Psychology of Women*）的书，书中写道，成为母亲之后增长的新技能会让母亲成为更加胜任的员工。但是，仅有很少的雇主会欢迎产后重返职场的女员工。所以，许多妈妈会觉得母亲的身份与尖锐争斗的职场世界之间有一个不可逾越的鸿沟。

我要去产前工作的公司去开一个会。我感到不知所措。这就像是我的两种生活方式在开会。我无法把这两者连接在一起这真是一次令人不知所措的体验。（小王子，4 个月）

我完全失去了自信。这就是成为母亲带给我的。我回想了自己曾经的生活——我是个表演的行家——而现在，我都做不了了!。（小公主，6 个月）（但是她错了。之后不久，她的表演生涯忽然红火起来。）

我产后回去工作过几个星期。那是我当妈 4 年后的第一次。我的工作需要用大量设备，于是，我很快把设备安装完毕。但是其他人都很清闲，他们问我要不要杯咖啡。然后——我简直无法相信——他们竟然要出去喝一杯。我老板有三个不满 5 岁孩子，我猜，他的太太在家里肯定以为丈夫在努力工作。我之前以为工作是很辛苦的。但是现在，在当了妈妈之后，生活好像真的变得舒缓而轻松起来。（儿子，4 岁；女儿，1 岁）

最本质的不同是，去上班意味着按照时间和日期来工作。与此同时，有孩了之后的慢生活也是有节奏的，而不是按钟表上的时间来安排自己的生活节奏。

我以前很爱工作。但是现在不同了。我要与客户见面一小时，但在会见快要结束的时候，我非常迫切地想抱儿子。于是，我的感觉就不对头了。我用了半个小时才冷静下来，然后我才平静地回到宝宝身边。我一直以为：只是工作一个小时，我不会有这种感觉的。但前一夜我就已经开始“走神儿”。我心里想：“我最好把明天的衣服准备好，然后再好好睡上一夜。明天我就要工作了。”于是我没再陪着宝宝。而以后不会再有今天这样的日子了。我希望过几年再要一个孩子。但是，那又会是一个全新的孩子，不是现在这个儿子了。有孩子的生活就像大海里的波浪似的一波接一波。而工作仍旧是我的全部……（小王子，6 个月）

为人之母并不是让一个女人的余生不再工作。她们就好像进入了一个更温柔的状态，带着新的能量，重新回归职场。这一般发生在她们觉得孩子已经达到了一定的独立程度的时候。当她们做好准备了，她们回归职场的愿望就变得强烈起来。

我每周只工作几个小时。我的生活发生了天翻地覆的变化。重返职场后，我就像是从气泡中走出来的一样。身份的这一转换是生活重心的转换。（女儿，7 个月）

我觉得宝贝现在是一个真正的人了。他跟我不一样。现在，我终于不再时时刻刻想着他，而是开始思考自己的事，思考接下来要做些什么。（小王子，9 个月）

准备重返职场的妈妈已经不再是那个手足无措的新手妈妈了。

每一周我都会想：“现在好多了。”下周，我或许还会这么说。（小公主，4 个月）

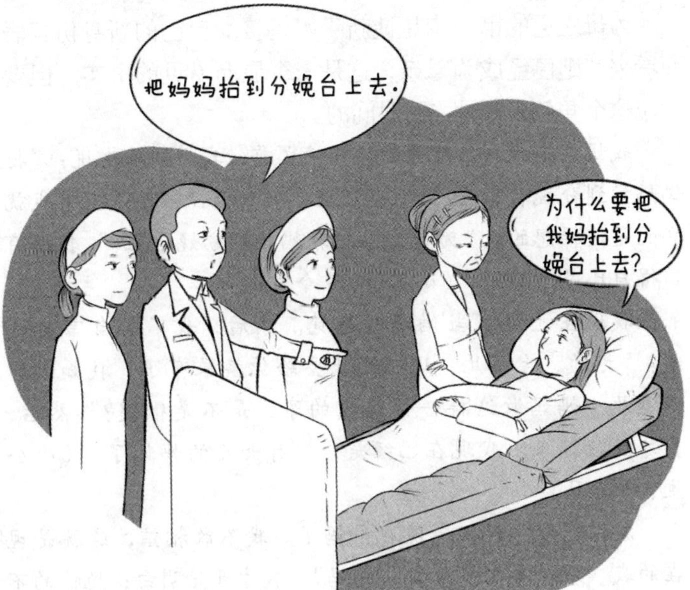
把妈妈抬到分娩台上去.
为什么要把
我妈抬到分
娩台上去?

久病之后，你总是说："我现在好多了。"一个月之后，你发现自己并未好转，自始至终都没有任何好转。为人之母就是这样。现在，我感觉轻松多了。但是，我可能还是要勇往直前，以后还是会这样说。（小王子，11个月）（这也正是她在做的。）

为母之道：心灵的改变

为母之道的第一步是让新手妈妈接受自己的新身份。表面看来，她已经成为母亲，这是一个显而易见的事实。但要适应这个角色，则是需要时间的。

我妈妈陪我到医院分娩。分娩之前，我听到医生说："把妈妈抬到分娩台上去。"我知道这听起来很怪，但是当时我就真的是这样想的："为什么要把我妈抬到分娩台上?"我没有觉得自己是个妈妈。（小王子，4个月）

我现在还没有当妈妈的感觉。然后，我不禁自言自语道："抱歉，宝贝儿，现在妈妈要给你换尿布了。我知道你不喜欢。妈妈做这样一件愚蠢的事，是不是很傻?"然后，我才反应过来。我现在已经是一位有女儿的妈妈了。（小公主，3个月）

就像做梦一样，我现在当妈了。我不敢相信，这就是现在的我。现在女儿常常喊"妈妈"，我才开始明白，她喊的不是我的妈妈，而是在喊我！（小公主，16个月）

于是，回顾往昔，妈妈们发现生孩子前的生活似乎遥远而虚幻。

现在，当我回顾往事时，我已经想不起来生孩子以前的

每个周末都在干什么。（小王子，出生4个月）

我想象不出自己以前的样子。在有孩子之前，我晚上都做什么？我那时肯定有大把的时间。（小公主，12个月）

这并不是因为妈妈们的记忆力出现了机械故障。母亲的身份会带来深刻的变化。这让许多新手妈妈很难想起自己从前的样子。

这个经历就像蜕皮一样。我如今的这副模样让我自己都很惊讶。（小王子，7周）

我爱我的职业，以前，我总觉得自己不想要孩子。但在女儿出生的那一刻，我想：这是真正的我。（小公主，出生5个月）

成为妈妈之后，我变成了一个更和善的人。我变得更能理解别人。（小公主，10个月）

我感到十分满足。本来打算用两个星期安顿好女儿，然后开始工作，这是我很愿意做的事情。但是到现在我却还没开始。当妈之后，我的心态完全不同了，我发现，这有助于我接受生命中的这次变化。（小公主，13个月）

这似乎是一个矛盾：一个妈妈在迎接新生命的时候会觉得失去了自我。但在几个月之后，她或许会意识到，自己已经发现了新的自我。

这是我人生中最美满的四个月。我感受到了未曾有过的幸福。（小王子，4个月）

以前人们总说我没有幽默感。我拿不准。我年轻的时候，觉得没有太多让我发笑的事。但现在我每天都笑。是女儿让我开怀，我们在一起有这么多乐趣。（小公主，9个月）

一个人的时候我不会唱歌。一个人在家的时候，我不会

一边跳舞一边唱：“哦，宝贝，你是如此可爱。”（小王子，11个月）

跟宝宝在一起真是一件快乐的事。打我出生起，我从未笑过这么多。每一天，他都会做一些新的事情，我真是太爱他了。（小王子，11个月）

我做过很多种工作，我也都很喜欢。但是，当妈妈是第一份让我发挥全部能力的工作。尽管我做得并不完美，但是我觉得我已经尽力了。感谢上帝让我成了妈妈，让我有机会这样努力做到最好。（大王子，2岁；小王子，6周）

我想总结一下这种变化，但是又找不到合适的词。每当我跟一群妈妈坐在一起的时候，一切都似乎如此明显，不需要做出任何解释。但是回到我的书桌前之后，我又觉得一切又变了样，但我却无法形容。

孩子是很聪明的。他们的天性是不把一切当成理所应当。“大自然有一千种声音，我们只有倾听。”伊利亚·普利高津（Ilya Prigogine）和伊莎贝拉·司坦厄斯（Isabella Stengers）在《从混沌到有序》（*Order out of Chaos*）里写道。但是妈妈们肯定“不只是开始倾听”而已。孩子长大后，妈妈们发现，自己要回答的都是一些最出乎意料的问题，关乎科技、灵性尤其是生死、语义、伦理，等等。

孩子：妈妈，为什么水泥台阶这么平坦？是人把它碾平的吗？

妈妈：是的。哦不，我不知道。我不知道怎么回答他。为什么水泥台阶这么平坦？宝宝总是问我这种问题，我回答不上来。（小王子，3岁）

父母从孩子身上学到的智慧是，作为父母，我们无须让自己变成一本百科全书。我们无须变得无所不能。这个妈妈严肃地对待了孩子提出的问题并且给了他一个诚实的答案。跟在母子俩身后走下台阶，我可以看到孩子轻松且满足。我可以感受到他对妈妈热切的爱。在孩子看来，她已经够完美了。

当然，我们必须承认，有了孩子之后，妈妈并非就会“不思进取”或“困在家中”过着“单调乏味”的日子。母子关系在许多方面的自我发展为母亲提供了无限的可能性。

此外，随着妈妈的改变，她的一切其他关系都因此而改变。新手妈妈尤其会提到她们和孩子爸爸的关系以及与自己妈妈的关系。

第十一章

夫妻矛盾渐多，妈妈该怎么做

先生的地位被彻底取代了

许多女性回顾过去时都说，自己是在毫无准备的情况下成为妈妈的。男性也是一样的吗？社会学家布兰恩·杰克逊对一百名新手爸爸做了一次采访，然后评论说：“不管爸爸还是妈妈，成为父母的不真实感都是令人惊叹的。”当一对没有做好准备的夫妻迎接第一个宝宝时，究竟会发生什么事呢？

妈妈们通常会说，在第一个宝宝出生之前，自己与丈夫的感情是那么细腻与亲密。宝宝的到来似乎就是两人相爱的证明。同样，在宝宝出生之前的很长一段时间里，许多新手妈妈都会感觉自己母爱满溢，她们会把这种情感倾注到丈夫身上。看到记者们那些耸人听闻的文章标题，妈妈们会感到无比震惊，比如：“生孩子会毁掉你的婚姻。”在她们看来，宝宝是两人爱的结晶，所以夫妻之爱也会随着宝宝的到来而变得更深。

宝宝出生之后，夫妻双方很快就会发现，他们几乎没有任何准备。有一次，我作为一名哺乳顾问进行家访时，一位父亲非常清楚地描述了这种情况：

爸爸：对宝宝的到来，我们做了精心的准备。我们读了很多资料，我们去参加生育讨论会，还和其他爸爸妈妈讨论了我们要选择的分娩方式。但是我们的准备也仅止于此，并没有进入下一环节。突然，真实的生活就展现在我们眼前了。（小公主，1周）

这位爸爸此时用到的词是“我们”，但几周过后，他很可能用到的就是“我”和“她”。这时，夫妻双方可能会感觉对方已不再是自己的同路人。有了共同的孩子之后，夫妻双方不会再感受到彼此的亲密和细腻，而是更加疏离，这简直让人难以置信。有些人会把孩子比做一个“楔子”，分开了夫妻二人。但是，将一切归罪于孩子并非难事。的确，夫妻关系似乎有些不同，大多数父母所很少提及的是，当二人世界忽然向第三个人敞开的时候，这种变化是非比寻常的。他们会惊奇地发现，这个新生儿在他们的生活中占据着重要的地位。从出生起，这个小人儿就是一个实实在在、不容忽视的人。

比起三人世界，二人世界有很大的不同。二人世界存在着一种美丽的对称，而三人世界则复杂难测。虽然夫妻双方都与孩子存在血缘关系，但是夫妻之间却是两相情愿的关系。另外，三人世界的主宰者可以是三个独立的人，或一个三人组合，或三对组合（妈妈和爸爸、妈妈和孩子、爸爸和孩子）。如果家中再添一个孩子，情况会更复杂，但是这种改变并不会像第一个孩子到来时的变化那样强烈。第二个孩子的到来并不一定会给父母的婚姻打入“楔子”，但是确实会带来改变。

初为人父人母的家长们通常不会考虑这种改变。他们的注意力往往在具体的事务之上，所以他们在前几个月很可能还保持着“二人世界”的思维模式。在二人世界中，“对方”的地位极其重要，而在三人世界中，极其重要的则是“另外两人”。通常，新手爸爸可能会尽力维持以前的夫妻关系，就如宝宝出生前一样，而新手妈妈则可能会与孩子形成旁若无人的“一对儿”，将爸爸排除在外。在这种情况下，夫妻一方很容易产生被对方忽视的感觉。

这种情况让人非常困惑，因为妈妈通常会给新生儿创造足够大的关注空间。在宝宝出生前，爸爸可能已经占据了这个空间。准妈妈可能会把母爱倾注到准爸爸身上，而且会把准爸爸的心愿放在首要考虑的位置。所以，在宝宝出生后，爸爸会感觉自己莫明其妙地被强行驱离。突然之间，宝宝占据了爸爸的特殊地位。这时，夫妻双方都不会去确定父亲在这种三角关系中无可替代的全新地位，相反，夫妻二人都会把“父亲”当作是与孩子争夺爱的人。

先生过来亲了一下我，但是我看到的却是一张布满皱纹和麻点的脸。这说明我的标准有了很大变化。我完全迷上了儿子。我觉得自己好像换了一个男人。（小王子，2 个月）

女儿出生前，我和先生非常亲密。可现在，我所有的爱都给了女儿，先生的地位被彻底取代了。（小公主，6 个月）

有时候，先生会说：“噢，那是你过去常做的菜。”我过去经常给他做菜，而现在如果我要做饭的话，一定是给儿子做的。（小王子，12 个月）

早上我醒来时，我很想“杀了”先生

假如新手妈妈和爸爸能够理解这种关系的话，他们就能在思想上做出调整。毕竟，所有的夫妻都会做出实实在在的调整。比如，哺乳期的妈妈可能会决定让宝宝夜里和她一起睡。这是一种看得见的变化。爸爸能够看得到妈妈的决定。对此，他可能会提出质疑，或者尽力去适应，甚或享受这种新鲜感。一些爸爸会像一个外人一样蜷缩在母子俩身边，而另一些爸爸则会选择去睡沙发，免得受到打扰。根据许多妈妈所说，她们的丈夫会把亲密的母子关系看作是一种对自己的冒犯。即便度过了头几个月，这种误解都还可能会继续存在。

我觉得先生还没转变过来。对我来说，女儿就是我们生活的中心，而对先生而言，女儿仍然是多余的。（小公主，7个月）

有一次，我和先生去看电影。在回家的路上，先生开始讲故事，我根本听不进去。为此，我们几乎吵了起来。我就想……快快回到女儿身边。（小公主，8个月）

我先生总是抱怨说，当他在和我说话时，只是儿子一出声，我马上就会扭转头去看儿子在做什么。但是，我的确要确保宝宝不出问题（小王子，14个月）

这一切对于爸爸来说，确实并不容易。起初，他可能会以为自己不会与孩子亲密，而妈妈和孩子则非常亲近。但是，宝宝早在子宫内的时候就已经能听到爸爸的声音了。父亲可能只会在空闲的时候才会看一眼自己的孩子。然而，如今的爸爸们通常会更加积极地扮演父亲的角色，而不仅仅是把它当作一种兴趣爱好。所以，爸爸可能要经历一段艰难的时期，让自己努力探索这个新的角色。

新手的爸爸可能会感到自己缺乏爱的能力。他可能每天朝九晚五，到家后疲惫不堪，把家当成一个舒适的所在。但他有所不知，在过去的几个小时里，他的太太用母爱、耐心和克制照顾着孩子，没人目睹和认可她的出色表现。她花了一整天的时间，却“什么也没做”，此时，她可能已经变得很不耐烦。见到丈夫回家，她会非常开心，但另一方面，丈夫的出现似乎是对自己的批评。曾经，她和丈夫一样，都生活在“工作”的世界。他一整天都“有事”可做。许多女性会对丈夫大发雷霆，为此，她们自己也会感到惊讶。而丈夫搜肠刮肚，却不明白为什么自己会受到如此待遇。

我盯着时钟，等待着先生回家。他一到家，我就发飙了：“去给我弄点吃的。马上！”在说这话时，我才意识到，我对待先生的方式，就是女儿整天对待我的方式。我把这种做法转嫁到了先生身上。我想让先生像母亲那样照顾我。（小公主，5 周）

先生是上班族。他回家都是在五点半之后，所以，他喜欢躺着休息。但对我来说，我是一个妈妈，我的下午五点半永远不会到来！（小王子，4 个月）

第一位妈妈：我对先生勃然大怒。有一次，我抓了一把刀向他刺过去。他在市政厅有一份前程远大的工作，根本就不理解我每天在做的事。（小王子，2 个月）

第二位妈妈：在沙发上做爱，在餐桌上吃饭以及睿智地交谈？（小王子，4 个月）

第一位妈妈：完全正确！

我很羡慕先生。他早上起来，洗个澡，然后穿上西装就出门了。而我却不能过这样的生活。（小王子，7 个月）

我们之前已经看到，妈妈要学习的很多才能了解孩子。在感到焦虑时，她或许已经无法像以前那样去寻求传统的女性支持。之前，她也听说过“可怕的两岁”和“叛逆的青少年”这些说法。但是此刻，她只是在照看一个小小的婴儿，在这样“容易的”阶段，她已经如此失败。许多妈妈承认，她们会把这种“不称职”的感觉转嫁到丈夫身上。

宝宝一哭，我的自信心好像就消失得无影无踪，我就会

对先生大吼大叫。（小王子，3 个月）

今天早上，我和先生吵了一架，因为先生抱怨我对他怒气冲冲。我说："我知道我跟你说话的语气不好，但是我没法控制。我很担心女儿。"（小公主，4 个月）

女儿昨天晚上醒来了无数次。今天早上醒来时，我很想"杀了"先生。（小公主，7 个月）

女儿不停地哭，而我又没法让她安静下来，我发现，我只想给先生一个耳光。（小公主，14 个月）

对于自己这种强烈的感受，妈妈们也会感到震惊。也许作家们的观点是对的。如果夫妻都把自己对配偶的厌倦与愤怒看作是结局而不是一个调整阶段的话，那么，这个阶段就会尤其难熬。当妈妈们互相切磋时，她们会重拾信心。她们会自嘲，然后重新把握好分寸。

在带孩子方面，我是一个新人，先生也是。我很喜欢两个人能互相了解。（小王子，6 个月）

男人们很难适应有了宝宝后的状态——没有人会提到这一点，也没什么办法可以助到他们。(9 个月)

我知道，先生和我一样累。他工作很卖力，努力挣钱来养我们，这些我都看在眼里。我希望我能管住自己的嘴。（小王子，11 个月）

在发完火之后，新手妈妈都会向对方道歉。通常来说，最大的困难是适应"三人世界"的新关系。新手爸妈最容易在这个问题一陷入困境，因为在疲惫和信心不足的状况下，双方可能都不想去面对新事物。所以，向对方一顿大吼是更为简单的做法。

我对性已经全完没了感觉

宝宝非常敏感。当着宝宝的面，许多夫妻都会尽力克制内心的怒火，但是这也意味着他们没有太多的机会来省察自己的情绪。同样，他们最终摆脱这个困境的方法可能会对那个无辜的新生命带来伤害。

我和先生大吵了一架。他出门上班之后，我很想走掉，然后留下一张便条："我去巴黎了。"这时，我看了看女儿——我突然意识到自己不能那么做。(小公主，7 个月)

为人父母的学习过程充满了挑战。在宝宝出生前，夫妻双方很可能在面对挑战时会相互鼓励。可现在，作为父母，夫妻两人都会感到不安，都没有足够的力量去安慰对方。这时，妈妈很容易对丈夫造成伤害，也很容易被伤害。

一些爸爸对孩子视而不见，可我家先生却正好相反。他一下班就会欢欢喜喜地跑回来，亲吻一下我的脸颊，说："噢，我的乖女儿，我回来了！"他会抱起女儿，给她一个实实在在的亲吻，我坐在那儿，心想："这就是我得到的待遇？"(小公主，7 个月)

我们以为女儿得了百日咳，我觉得女儿要死掉了。这真是太可怕了。从医院回来之后，危机结束了，可先生和我都很窝火。他对我大吼："你简直就是大惊小怪！"我也冲着他吼了一句："你简直就是没心没肺！"第二天，我们讨论了离婚的事。这太糟糕了。(小公主，8 个月)

这就是我得到的待遇？
噢，我的乖女儿，爸爸回来了！

先生回到家时，总是筋疲力尽的，他总是先查看邮件和电邮。对此，我很理解。通常，我会强忍着怒气，因为他对我很友好。但是，我只能坚持大约一分钟。然后我说了不少难听话，抱怨他总是把我和儿子放在最后。可是，先生工作真的很努力，看到他这样辛苦的工作，我很伤心。我们在一起的时间短暂而宝贵，可总是在吵吵闹闹中度过的。（小王子，12 个月）

的确，即便是最活泼的宝宝，也会有睡觉的时候。新手爸妈们会惊奇地发现，虽然曾经的性爱让自己成了父母，但此时却是令双方产生误会的根源。

宝宝出生之后，爸爸的生活并不会发生翻天覆地的变化。通常，他会继续干着以前的工作，他的身体也不会发生任何变化。因此，爸爸的生活更具有连续性。他可能会感到疲惫和迷茫，同时也渴望与伴侣之间能有身体的接触，能感受到性的快乐。

然而，妈妈是在怀胎九月之后，才迎来了宝宝的出生。这意味着妈妈的身体会发生很大的变化。一些女性在生完孩子之后，就希望马上能恢复性生活。她们会变得很易怒，因为有了宝宝之后，与丈夫共度浪漫的机会就少得可怜了。但是现如今，大多数妈妈在产后都需要时间来恢复，不光是恢复身体，还有情感上的恢复。要重新开始性生活会令一些女性感到害怕，尤其是那些有伤口缝合的女性。当夫妻双方感受到彼此的亲密和柔情，于是丈夫建议或暗示做爱时，双方的争吵就会升级。妈妈会回应或暗示自己不想做爱，这时爸爸会认为自己已经失去了吸引力，而妈妈则会认为丈夫只在乎自己的快乐，毫不关心自己的身体。

原来的那对夫妻哪里去了？我和先生在照顾儿子时协作很好。但也仅此而已。我们根本没时间去浪漫。（小王子，5个月）

我和先生在说话时，我感到他正在拥抱我。我生怕再发生什么事，于是我马上起身去拿东西。先生对性的热衷比我大得多。可是，我总会想到那些生完孩子就被丈夫抛弃的妈妈。我觉得这种事也会发生在我的身上，我不想变成这样的人。（小王子，6个月）

在给儿子喂了一夜奶之后，我期待着先生能抚摸一下我，但绝不是那种带有性暗示或挑逗性的抚摸。我对性已经完全没有感觉了。如果他有那种企图，我会对着他大吼，我控制不了自己。对我来说，一次坚定的握手就够了。（小王子，9个月）

我已经完全没有了性欲。先生非常理解我，他已经度过了那段愤怒期。他甚至不再有做爱的要求。但是，我觉得很糟糕。我觉得我根本就不想做爱。每晚，我都告诉自己："今晚，我要和先生做爱。"但是我内心根本不想。（小公主，大约12个月）

先生觉得我们再也不会有性生活了。我一直向他解释，只要我不再感觉这么累，我们会有的。（小王子，12个月）

妈妈们通常会抱怨说自己"太累了"，不想做爱。断断续续的睡眠令许多妈妈筋疲力尽。在更为传统的文化中，母亲的身份是女性们所深深向往并引以为豪的。妈妈这一角色被看作是女性神秘感和女性美的体现。人们认为，生育会让女性在精神和肉体上得到升华，而给孩子喂奶则体现了妈妈哺育孩子的能力。这意味着当孩子进入夫妻俩的二人世界后，夫妻间的关系会迎来一种令人兴奋的新的发展。

“我和先生的时间”

现如今，在西方，许多妈妈似乎并不会有这样的经历。在少女时代，人们会鼓励女孩们培养自己更多男性化的能力。因此，当她们成为妈妈后，不但不会感受到自己的美丽，反而会觉得自己超重、不健康、疲惫不堪，而且还比以前邋遢了。如果一个女性感到自己的身体发生了变化，同时她又会用这些负面的想法来审视自己的变化，那么她怎么可能尊重自己呢？她怎么可能会有好心情去做爱呢？一位妈妈从女性主义的视角分析了这一话题：

从先生看我的眼神，我可以断定，他一定在想：“是我的女人生了这个孩子。”对于一些我无能为力的事，他会感觉很得意。于是，我就顺着他。我说：“噢，亲爱的，保险丝烧掉了。”这种话让他很受用，马上就把它修好了。当然，如果没有他，我自己也会修的。(小王子，8 个月)

这位妈妈的丈夫以她为傲，其实这也没什么不对。生孩子既是也不是一件“我无法控制的事”。至于因何自豪，则有各种各样的理由。所以，夫妻双方为自己获得父母的身份而感到自豪，这是一件再合理不过的事了。

不幸的是，并不是夫妻双方都会有这样的感受，尤其是新手妈妈。当妈妈看见一位打扮得干净利落，还未生过孩子的妇女时，她会认为这位缺乏成熟感的女人一定比自己更“性感”。这位干净利落的女人被看作是“漂亮的”，因此她更具“性魅力”。新手妈妈们通常会谈论各种各样能让自己看起来“重回性感”的化妆品。作为妈妈，她们似乎感觉自己的魅力已不如从前。其实，尽管她们疲惫不堪，也没有涂脂抹粉，但她们仍然非常漂亮。可是，这似乎不是妈妈们的个人问题，而是一代人根深蒂固的观念。妈妈们对性欲的理解如此消极，这无疑会让她们感觉“累得不想做爱。”

与母亲和祖母那一辈人相比，现代的女性在谈论性行为时大都随意而坦诚。因此，她们也经常自我解嘲。一些女性发现，自己很想重新开始性生活。

我很怀念做爱的感觉。于是，我们采取了“轮班做爱”的方式。你找一个有孩子且可以坦诚相待的朋友。在星期天的下午，请她帮你看一个半小时的孩子，然后下一个星期天下午，你再帮她看孩子。这种方法很不错。在儿子出生前，这个时间通常就是“我和先生的时间”。我真的觉得应该把性放在首位。（小王子，3 个月）

昨天晚上，我和先生有一次温暖的拥抱。这段时间，我们吵得不可开交。我们的角色不应只是儿子的父母，这一点很重要。（小王子，7 个月）

现在，我很容易达到高潮。我不知道如何用语言来描述。这是一件美妙的事。有了女儿之后，我的性能力似乎真的变强了。（小公主，8 个月）

然而，对于当今的妈妈们来说，性并不是能解决一切问题的灵丹妙药。有许多无以言明的情绪都无法通过性得以宣泄。但是，如果夫妻双方能讲出自己的情绪，那么他们之间的紧张就能得到缓解，即便他们之前曾发生过龃龉。他们又会重归亲密。相互交流似乎才是解决问题的关键。

爸爸一句暖心的话能让所有妈妈潸然泪下

当爸爸对于妻子的新角色（妈妈）表示出理解和欣赏时，妈妈会被深深地打动。就像妈妈们说的那样，爸爸一句暖心的话能让所有妈妈潸然泪下。每位妈妈都想得到这样的肯定。爸爸们会从一个独特的视角来进行评论，他们的赞扬充满着活力。

我先生出国了一周，他回来时，看到了儿子满足的神情。显然，这全是我的功劳。他对我说了很多暖心的话。我很珍惜这些话。真是太棒了。我得到了赞扬，感觉浑身充满了力量。突然，一切对我来说都不困难了。(小王子，2 个月)

先生独自带了女儿三个小时，为此他希望得到表扬。而我整天都在照顾女儿，所以有一天，我叫先生表扬一下我。他说："我觉得你是个很棒的妈妈。"我说："不行，不行，你得告诉我，我哪件事做得很棒。"所以现在，当我在深夜里备感绝望时，他就会主动对我说些暖心的话。他会说："我不知道你是怎么做到的。你这么耐心地抱着女儿，我真希望你就是我的妈妈，我是你的宝宝。"这时，我就感觉自己很幸福。(小公主，6 个月)

儿子 7 个月时，我以为先生有了婚外情。我跟几个好朋友讲过此事，这似乎是一种正常的反应。他对我的态度有了变化，下班总是要很晚才回家。我很确定，他在外面一定是有人了。所以，有天晚上，我们长谈了一次。我告诉他，我觉得他对我的态度有了很大的变化。我说，也许我们该分手了，然后一别两宽。而他则吃惊地说："你怎么会认为我

不……？”（小王子，4岁）

很显然，他没有说完的话是“爱你呢？”但在这时，听众席上的妈妈们出现了一阵骚动，似乎每个人都在强忍着眼泪。注意到这一点之后，这位妈妈停止了她的讲述。在我看来，这些倾听的妈妈们似乎突然意识到了，自己的丈夫所表露的也是这样一种含蓄的爱。

相反的情况则同样真实得可怕。

前几天，我先生狠狠地骂了我一顿，起因是因为一件很小的事：女儿尿湿了，但我没有注意到。作为一位妈妈，你会感到很脆弱。当他对我说那些话时，我整个人都崩溃了。我真的很崩溃。（小公主，8周）

照这么说，如果一切都是这么简单的话，男人们为什么不立刻告诉自己的太太，她们是多么好的妈妈呢？大多数爸爸整天都要工作。许多爸爸会发现，每个孩子的出生都会增加他的责任感，因此，他们会更加努力地工作，工作时间也会比前更长。这时，如果爸爸专注于工作，就很难知道自己可以在哪些方面能给予妈妈赞扬。妈妈也会发现很难向丈夫解释这一点。妈妈整天带着孩子的生活和爸爸的生活似乎有着天壤之别。当爸爸回到家时，可能会感觉面前的妻子就好像一个陌生人。

孩子并不需要两个“妈妈”

我：你留下男友单独照顾你女儿，你觉得他会不会感到不安呢？

妈妈：哦，说来惭愧，在照顾女儿方面，其实他之前和我一样能干。女儿出生之后，他请了三周的假。什么事都是我们一起做的。之后，他又回去上班了。他每天的工作时间非常长，晚上11点才能回家。现在，在照顾女儿方面，他已经落后了，我觉得他已经没有自信了。他还是只会做以前那些事，而我则要一直强忍着一句话："呃……其实，我们早不那样做了。"（小公主，7周）

我先生有一周的陪护假，这真的很棒。他很享受，他喜欢和我与儿子待在一起。当他要回去上班时，我觉得他有点生离死别的感觉。（小王子，3个月）

通常，妈妈发现很难跟先生分享自己在带孩子方面学到的经验，而爸爸则很快就会对自己的能力丧失信心。如果一位新手爸爸在家里（处于清醒状态）的时间很短，他会发现，妻子似乎要比自己能干得多。

女儿一哭，我先生就会把她给我。（小公主，5个月）

我先生总是说："我没法给她穿毛衣，噢，我放弃了！"我会对他说："你不能放弃，你都替女儿穿好一只袖子了，你得做完。"（小公主，9个月）

周三，我去夜校学习了，我觉得先生非常恐慌。女儿已经学会了尖叫，那天，她整整尖叫了一个小时。我回家时，女儿睡着了，先生的心情十分糟糕。他忘记喂女儿吃饭了。他忘记了，我离他只有十分钟的路程。女儿的哭闹让他心烦意乱，他已经无法思考。（小公主，9个月）

先生和他的前妻有两个孩子。在儿子出生之前，他总是说自己是个经验丰富的爸爸。但儿子出生后，我发现这个"经验丰富的爸爸"根本没有一点儿经验。儿子一哭，他跟我一样一脸迷茫，然后把儿子递给我说："你来处理吧！"（小王子，11个月）

妈妈常常忍不住对丈夫吹毛求疵，嫌弃他在带孩子方面没自己懂得多。一些妈妈也意识到要克制这种冲动。

我忍不住不停地核实："你有没有照我说的去做？你做得对吗？"（小王子，3个月）

如果先生在给儿子穿衣服时，给他穿了两只完全不相配的袜子，这时候，你必须管住自己的嘴。这并不是什么大不了的事。（小王子，6个月）

妈妈们常说，自己不愿麻烦丈夫帮忙照顾孩子。她们知道上班的压力。所以，大多数妈妈觉得应该好好地保护丈夫。但同时，对妈妈来说，这种自觉的保护欲对她们自身不太公平。

我求先生开车到车站，然后，我会步行去车站取车。我一直在想："嘿，我不应该这样做。我才早产生下了儿子。为什么他就不能步行去车站呢？"但是，我感觉我得照顾先生的需要。（小王子，4周）

如果女儿哭了，先生没法安慰她时，我会说："哦，把她给我吧！"因为我知道先生第二天还得上班。当我说出那句话时，我感觉自己特别慈爱。但是，当先生真的把女儿递给我转身走出房间时，我又会立马心生怨恨，这简直难以相信。我们之间的关系正变得越来越糟。这不是我一个人的孩子，也是他的。（小公主，8周）

但是，如果爸爸们愿意分担照看孩子的责任，他们的自信心也会增强。我并不是要向大家传播任何"新男性"的思想，也不是要教男士如何做一位好父亲。对于带孩子这件事，并不是所有的男性都会感觉轻松自在，也很少有男性从父辈那里学到如何做一名好父亲。爸爸表达父爱的方式一定是多种多样的。但是，听着妈妈们的述说，你会发现，当夫妻双方都在挣钱养家时，妈妈们会感觉自己和丈夫有着共同的生活方式。她们也曾是传统“男性世界”的一分子。所以，现在让丈夫们在传统的“女性世界”里分担相应的责任，似乎也是合情合理的。

先生傍晚回到家时，我心想：我已经干了一整天的工作，就是照看儿子。他也工作了一整天，就是挣钱。所以，晚上带孩子的工作，我们应该平分。（小王子，4个月）

当男性开始分担带孩子的责任时，他们才能体会这种无法言明的困难。这样一来，他们会更加感激自己的伴侣。

我们假期中最棒的一件事就是我丈夫真正理解了带孩子的艰难。过去，他常说自己能理解，但是很明显他根本没有真正理解。他常对我说：“你可以让女儿自己玩两个小时，然后该做什么就做什么。”假期中，他发现，当他想去沙滩或看会儿书时，带着孩子根本没法做到。当他想出门的时候，女儿偏偏这时开始哇哇大哭，于是我们就得先安抚好女儿，才能出去。那时，他终于理解了。（小公主，4个月）

另外，让男性参与到带孩子的任务中来，似乎能化解夫妻间的争吵。但是，有时这种做法会引起其他误会。妈妈们通常认为，她们的方法才是带孩子的“正确”方法，而许多男性却有自己的风格。对此，妈妈们经常都会有很多抱怨，比如，她们会抱怨说男人们一次只能专心地做一件事，而自己可以同时做好几件事。

我的丈夫是一名电脑工程师。他还没有适应宝宝的生活。我觉得，他认为只要随便摆弄一下宝宝，就能知道出了什么问题，然后找到办法解决。可是，儿子还是一直不停地哭，

我感觉半个小时后，先生就受不了了。他想把儿子装进箱子里，然后“退货”。(小王子，3个月)

先生会随时跑掉的。我无法像他那样着迷地看新闻。我有一半心思是想着女儿的，想要知道她是否安好。(小公主，5个月)

男人和我们真的不同。我回到家，看到先生在照看儿子，可餐具还摆在那里，儿子脚上的袜子也不知道跑哪里去了。(小王子，10个月)

我觉得先生有点儿健忘。他很喜欢儿子，但是他从来都记不住要干什么。我出门的时候必须给他留个清单，比如，一定要给儿子吃东西。(小王子，14个月)

然而，这些想法似乎都是误解造成的。其实，孩子并不需要两个“妈妈”。对孩子来说，爸爸的带娃方式可能会非常好玩。通常，宝宝会把吃饭这件事和妈妈联系起来。他会很喜欢和爸爸之间的游戏，并且愿意等到妈妈回来，才想着要吃的。所以，宝宝很可能不会向爸爸发出“我饿了”的信号，于是爸爸便开始和宝宝一起开心自在地玩耍——突然，焦急的妈妈闯了进来，开始训斥爸爸。父母需要一段时间才能意识到，宝宝会用不同的方式与他们相处。

除了宝宝，妈妈可能也需要得到更多的照顾

一些男性对宝宝的需求表现得非常敏感。有时，这会让妈妈的自信心受到打击，但是，妈妈通常会珍视爸爸的父亲角色，因为爸爸是值得她信任的人。

我没法让宝宝安静下来，我觉得很糟糕。先生在这方面

比我强。我已经听到有个声音在对我说："失败者，失败者！"（小王子，4周）

女儿有胃食管反流症，这很糟糕。她一直不停地哭。没有先生的话，我完全应付不过来。我从来没想到，事情会是这样。我过去总把先生看成是弱势的一方，而我是强势的一方。但是带了女儿一天之后，我真想从窗户跳下去，而先生却显得很平静。（小公主，4个月）

有一次在餐馆，女儿差点噎死了，那是我生命中最糟糕的时刻。我不能提及这件事，因为我至今仍心有余悸。当时我真的以为我已经失去了女儿。当时，先生正在美国。平时，他总是一副优哉游哉的样子，但那天晚上，他发疯似的不断打电话给我们（在我和妈妈把孩子带去医院之后）。他做了个梦，梦到女儿死了。这一切与他的梦境不谋而合。我感觉自己与先生无比亲近，因为这一切似乎远不止巧合那么简单。（小公主，6个月）

先生和我都喜欢亲吻儿子。我说，等儿子大了，就不想被我们亲吻了，那时，我会很伤心的。先生说他有同感。那一刻，我很感动，因为我俩有同样的感受。（小王子，6个月）

先生的一些想法是我从来没有想过的。他把儿子放在背袋里，骑上自行车，就带着儿子出门兜风了。我从来没有骑自行车的信心，但是儿子真的很喜欢这样。（小王子，8个月）

先生不用我帮忙就能把儿子哄睡。儿子在睡觉前精力特别旺盛。先生会和他玩一些游戏，这会让他筋疲力尽。然后，儿子就能好好睡觉了。（小王子，14个月）

除了宝宝，妈妈可能也需要得到更多的照顾，尤其是那些哺乳期的妈妈。对她们来说，要像以前那样在夜间起床、给自己拿点吃的并干完家务活，都不是一件容易的事。大多数宝宝喜欢被人抱着或背着。这意味着妈妈很可能一整天都要用一只手抱着宝宝，另一只手则要去做其他事。这时，需要双手完成的任务就会是个问题。假如妈妈在夜间要丈夫的帮忙的话，她会感到非常愧疚。

先生到家坐下之后，我看得出来他很疲惫。我口渴极了，感觉如果再等一分钟，我就快要渴死了（这是哺乳后的一种正常反应）。于是，我叫先生帮我倒杯水。他把水递给我之后，立马又坐下了，我就不忍心再叫他起来。但是，我有很多事情需要他去做。（小王子，3 周）

先生一离家（上班），我就感到恐惧，因为他是给我食物的人。（小公主，2 个月）

我真希望，不用我开口，先生就能明白我的需求。我听到自己在不停地唠叨：“你能帮我做这件事吗？你能帮我做那件事吗？”听起来我真可怕，这并不是因为他会介意，而是他根本不理解我。（小公主，9 个月）

夫妻关系的另一个变化是在钱的问题上。如今，大多数妇女都有个人收入。如果她们决定亲自照看宝宝，那么她们就要在经济上依赖丈夫。同时，她们会感到疲惫，感觉自己“一团糟”，而且“什么事也没干”，因此，她们的情绪会非常消沉，也会强烈地感受到自己失去了经济的独立性。

过去，我比先生挣得多。现在，我感觉自己就像个乞丐，手里拿着顶帽子，得到他的许可之后才能花钱。（小公主，6 周）

我从不喜欢欠账。我宁愿自己饿死也不愿欠账，但是先生欠了很多钱。他说：“一切都交给我吧，相信我就是了。”但是，我觉得我的信任错付了人。（小王子，6 个月）

走，儿子，爸爸带你去兜风！

以前，我觉得先生挣的钱就是“我们”的钱，但在儿子出生后，我就没有这种感觉了。我想：“我不能买那个东西。我没有挣钱。”我真的感觉很愧疚，虽然我知道先生不希望如此。所以，我想回去工作，重新找回我的职场身份，赚些钱拿回家。（小王子，9个月）

这是一种新的困境。在过去，女性挣钱的机会比现在少，而且大家都觉得丈夫应该承担供养家庭的责任。现如今，如此多的女性会表现出愧疚感，这是史无前例的。在我看来，如果带孩子这项工作能得到应有的重视，那么，妈妈们可能就会更有成就感 。

要从这种争吵中跳出来，给予对方同情

夫妻之间最令人痛苦的争吵常常是关于如何养育孩子的问题。其实，夫妻双方共同的无知意味着他们之前从未谈论过这样的话题。

我觉得自己过了一座桥，现在我对自己做的事非常自信。但是回头看时，我意识到，我和先生之间的问题在于我们没有坐下来，好好讨论一下未来。我们谈到了生孩子，但是并没有谈到要让儿子跟我们睡，或者需要给儿子喂食，或者是否同意对儿子进行睡眠训练。（小王子，6个月）

圣诞节的时候，我意识到，我和先生从来没有停下手中的事，一起坐下来为女儿做过一个长期的计划，但是，当我们坐下来好好地谈论这个话题时，我们俩达成了一致意见。先生说他不想让女儿睡在我们的床上，他想让她自己睡婴儿床，但是他又不想女儿一个劲儿地哭，也不想对她进行睡眠

训练。现在，对于我们采用的育儿方式，我俩都很满意。这样，一切事情做起来都容易多了。周围的人一直告诉我，女儿看起来很快乐。(小公主，8个月)

以前，我觉得，我和先生相互非常了解，并且无话不谈。但是自从女儿出生后，我们发现，对于自己和对方，我们都有太多不了解的地方。如果我们不谈论这些事情的话，一切都会顺利地进行下去。(小公主，9个月)

如果夫妻双方能抽出时间好好讨论的话，大多数争论似乎都能得到解决。相互倾听能让彼此重新建立起信任。

以前，我很爱对先生发火。我们本可以好好地谈谈，但是却没有这么做。我总是忙于照顾儿子，我总是缺乏睡眠，老是觉得很饿。另外，我有一种感觉："儿子是刚刚出现在我生命中的人，我再也不会关心你了。"之后，有一天，我俩大吵了一架。我们都冲着对方大吼，并且都哭了。那个情景真是太可怕了。但结果是，我俩都想和对方生活在一起，我们都想要我们的儿子。所以，现在我们之间的相处容易多了。(小王子，3个月)

之前，我和先生之间一直都在对比和争论，一方老是觉得"我比你更累"，而对方又觉得"不，我比你更累"。我俩都想先让对方欣赏自己，而不是先赞赏对方。在内心深处，我知道先生工作很努力，他也说他知道我的辛苦。要从这种争吵中跳出来，给予对方同情，真不是一件容易的事。我不知道我俩是怎么做到的，或者我们发生了什么样的变化。但是结果是，现在我们相处得非常好。我之前想到过离开，但现在我绝不会那样做。(小公主，9个月)

慢慢地，新的变化发生了。宝宝开始对爸爸表现出更大的兴趣。这时，爸爸总是会非常开心，而宝宝也会因为找到了一个新朋友而表现得异常兴奋。这时，三人世界便更加清晰地呈现在我们的眼前。

晚上的时候，我和男朋友总会聊天。现在，女儿也会加入！（小公主，2个月）

先生下班回到家时，从他的表情可能看出，他承受的压力很大。这时，我把女儿递给他，然后他把女儿抱上楼，给她洗澡。等他把女儿抱回来时，我可以看出，他整个人都……（小公主，7个月）

先生出门上班时，女儿总是哇哇大哭。为了找他，女儿不停地爬进爬出，找遍了所有房间。（小公主，8个月）

儿子真的很想得到爸爸的欣赏，他总是尽力地去模仿先生的一言一行。和我在一起时，他根本看都不会看水杯一眼，但是当先生回到家，端起水杯喝水时，儿子也要争着要水杯——可我们没有给他准备婴儿杯——他喝水时，还不停地看爸爸，仿佛在说："看我在做什么！"先生最近在审理一个案件，进展得很艰难，但是儿子给了我俩很大的鼓励。（小王子，8个月）

我们三人睡在同一张床上。儿子喜欢躺在先生的胸前入睡。先生很喜欢这种方式，他感觉很得意。他说："儿子在我胸前睡着了。"（小王子，9个月）

无数的父母杂志和手册都建议女性们要学会经营夫妻关系。根据书上的建议，妈妈们得安排时间与丈夫单独相处。这时他们就能感受到浪漫并且暂时忘记自己父母的身份，但是对于生命中这样的一次大改变，真的那么容易就能忘记吗？

我和先生庆祝了我们的第一个结婚纪念日。我妈妈照看儿子，他很好。我们只是外出吃顿饭，只用了两个小时。之后——很可能我俩都是心肠特别软的人——我们很想念儿子，我们能做的也只有谈论他，之后我们就急匆匆地赶回家了。(小王子，3 个月)

如果你不能与丈夫一起照看宝宝，那么你就无法与他分享带孩子的快乐。(小王子，4 个月)

周围的人说，我们应该请个保姆，然后外出一趟，给自己放个小假。但是我总是会想，我有一个孩子，我不能到了晚上就把她抛在一边。我们喜欢和她在一起。(小公主，6 个月)

我和先生外出庆祝结婚纪念日时，我们谈的唯一话题就是儿子。(小王子，9 个月)

听到这样的对话，我们并不会感觉这些父母太软弱，相反，我们会觉得他们正在经历一个重要的时刻。此时，父母已开始仔细地思考，并接受宝宝存在的现实。他们会交流平时发生的一些趣事，这会让他们理解自己作为父母的行为和情感。她们会惊奇地发现，自己的宝宝很了不起，这会让她们对自己以及丈夫更加自信。

并不是所有的父母都会相互责备。当夫妻双方冷静下来倾听对方的想法，并且允许彼此修正或撤回之前的抱怨时，他们会更容易理解自己为人父母的这段人生旅程。通常，夫妻间的关系会因此变得更牢固。那些在当时似乎永不可原谅的气话，都不会再给人带来伤痛，它们会被看作是父母在成长路上的一次努力。

第十二章

外祖母不帮忙，妈妈该怎么做

妈妈永远不可能变成“前妈妈”

当一个人去世的时候，她/他在活着的人中间留下了一个空白的空间。当一个孩子降生的时候，情况正好相反。在一个庞杂的家庭网络里，人们会互相贴近，为新降生的家庭成员创造出足够的空间。

每当新生儿降临的时候，一个家庭要重新安排各个成员的位置，对此，我们的语言里应该有个相对应的词汇。一个小婴儿可以把一对夫妻变成一个真正的家庭，把一个“小家庭”变成一个大家庭。每个人也都接受了自己的新身份。但与此同时，以前那些被忽略的差异现在也会成为问题，因为大家之间的关系更亲近了。

我以前总是跟大姑姐处不来，在以前这不是关紧。但现在我意识到了，她是我孩子的姑妈。还有他们的妈妈，以前我也不太喜欢，但现在，她是孩子的奶奶。(小王子，3 周)

在家庭成员新定义他们的身份的时候，新的矛盾也产生了。

我知道这让人抓狂，但我现在已经在为圣诞节晚餐而担忧了（此时是 7 月份）。我父母认为，我们会跟他们一起共进圣诞晚宴。但我的丈夫说：“现在我们已经成为父母。我们自己一家人一起吃一顿圣诞晚宴吧。这是我们新家庭共度的第一个圣诞节。”可是，我的妈妈已经说了：“我迫不及待地盼望着圣诞节的到来。”她的言下之意是，她期待着我们的到来。(小王子，3 个月)

正如她的丈夫所意识到的那样，他们的宝宝已经把他们变成一个新的家庭集体，这也意味着他们在自己原有的“儿子”“女儿”的身份基础上增加了“爸爸”“妈妈”的身份。夫妇二人或许都会从这个新角度去考虑他们各自的父母。一个女性和她妈妈之间的关系可能是她人生最久远的关系。在此之前，“母亲”一词指代的都是她自己的妈妈。忽然之间，这个称呼也可以指代她自己了。

在儿子出生的10天前，我盯着镜子中的自己，心里想：“很快，就会有人看着我这张脸，并且这张脸意味着就是他的‘妈妈’。这真是难以置信！”（小王子，1周）

宝宝对我的感受，是和我对我妈妈的感受一样吗？（小公主，2个月）

一位女性和妈妈的关系有着悠长而复杂的历史。有些妈妈在女儿很小的时候就跟她建立起温暖的友谊。有些妈妈则比较自我关注，这样，女儿就会更多地关注妈妈，而不太为自己争取什么。有时候，情况则正好相反。妈妈们在照顾女儿的时候完全不在乎自己。有的妈妈可能会一直拿自己和女儿做对比，对女儿与自己之间的差异心生怨恨。

在她看来，女儿或许是从接受妈妈的模式而走上自己的为母之路的。然后，她开始留意到她朋友们的妈妈，开始把自己的妈妈当成许多妈妈之中的一个变体。她或许希望她能够把几个最好的妈妈拼凑成一个完美的妈妈。但是，世界上不会有按照订单来制造出一个完美妈妈的做法。尽管妈妈总是有这样或那样的缺点，但她也会成为女儿生命中始终存在的那个人。一些妈妈很早就离开了孩子。有些女儿在成年之后选择和母亲断绝关系。但她们之间的血缘关系和历史联系却一直存在着。

很快，
就会有人看着我这张脸，
并且这张脸意味着就是
他的‘妈妈’……
这真是难以置信！

女儿长大之后，或许会坠入爱河。这会改变她与母亲之间的关系。此时，女儿或许会回顾她从人生第一段亲密关系中学到的东西。经过一段时间之后，她会发现，不是所有的亲密关系都可以永恒不变，有些男朋友会变成“前男友”。但“母亲”这个词汇所描述的并非一种两相情愿的关系，所以，妈妈永远不可能变成“前妈妈”。尤其是单亲妈妈们经常会说，她们自己的妈妈为她们提供了世界上最为牢固的亲密关系。

或许一对夫妻是在女儿和母亲感觉彼此有些疏远时怀孕的。但是，当一个女人得知自己怀孕的时候，她会很惊讶地发现自己是多么迫切地想要联系自己的母亲。这种情况并不是随时都在发生的，但它的发生是正常的。

母亲是“孩子永远的家”

这听起来可能有些奇怪。大多数准妈妈都是职场女性。一直以来，她们都在学习变得独立而有才干。有些有超过十年的值得赞扬的职业经验。但是，很多这样的职场准妈妈却是由全职妈妈养大的，而这些全职妈妈完全不像她们的女儿这般经济独立。这些女儿比她们的父母走过远得多的地方。她们看到过千差万别的文化，她们对外面世界的想象遭到了挑战。她们觉得自己已经长大，可以脱离她们成长的那个环境。更令人惊讶的是，许多女性在得知自己怀孕之后都迫切地想要联系自己的母亲。假如她们真的脱离了父母的世界，那么，她们为什么又如此坚决地要与这个世界重新建立起联系呢？她们想要什么？

在一定程度上，一个准妈妈的妈妈是经验丰富的。她至少已经生过一个孩子。而头胎妈妈是个新手。但假如只是因为这样两个原因的话，准妈妈完全可以向任何一个有经验的妈妈请教。这是一件更加私人的事。

首先，当一个女人怀孕的时候，她就是在为宝宝创造第一个家，正如她的妈妈当年为她创造了一个家一样。菲利斯·切斯勒（Phyllis Chesler）将母亲描述为“孩子永远的家”。当准妈妈试图通过健康的饮食、适当的锻炼、充足的睡眠来为宝宝创造一个良好的家庭时，当她试图帮助宝宝在出生之后有种回家的感觉时，她或许会憧憬着那种与自己的母亲“在家里”时的放松感，她也会盼望着自己的母亲能够照顾自己。在与自己的“家庭本部”接触的时候，一个女人可以获得不可思议的力量。

我生病了，这时，我妈妈来了。此时此刻，我真的很想我的妈妈。我心想：“我妈妈可以把我们安排得妥妥当当的。”这让我觉得：“我可以把我们的事处理得妥妥当当的。”她真的很棒。有一个这么能干的妈妈，真是太棒了。（小王子，12 个月）

回家或许能给人带来一种更深层的感受。一个女性能感觉得到，她比自己的妈妈享受到了更多的人生机遇。多年来，她或许一直将为人之母视为二等选择。为人之母怎么能能与保住一份有挑战性的工作和享受异国风情的假期所带来的兴奋感相提并论呢？但是，当一个女性真正地成了母亲之后，她会觉得自己已经回归并重新评价了她之前非常鄙视的为人之母的价值。突然之间，这些价值变得意义非凡且十分有趣。她终于不再觉得与母亲之间隔着几个光年的距离，而是发现母亲是帮助她在一个全新而奇怪的世界里找到方向的有用的向导。

我搬到离家很远的地方去住。但是，我的母亲帮助我以正面的思维来看待我的女儿。有时候，女儿在我的胸前扭来扭去，还用她的手打我。我妈妈就说："她真是充满了活力，她真有个性，她精力充沛。"我发现，这些话对我很有帮助。（小公主，4个月）

妈妈的一部分工作是缓慢而无以言表的。当宝宝在她的臂弯中沉沉睡去，妈妈发现自己此时也需要放松一下并保持静止不动，否则就会打扰宝宝。假如自己的妈妈可以安静地坐在自己的身边陪伴着自己度过这样的时刻，那么，这位妈妈一定会感到非常美好。

上一辈人的经验确实是提供了一定的帮助

新手妈妈想念自己母亲的另一个原因，则与怀孕和分娩所伴随而来的所有生理变化密切相关。与自己的妈妈在一起时，女性会回归到一种熟悉的亲密关系中。她的母亲或许一直陪伴着她度过了她的整个童年时期，呵护着她的健康，在她经历各种病痛时始终守护着她。这是一段备受考验的亲密关系。现在，这个亲密关系将会增添一项新的内容。女儿需要弄清楚的一点是，她可以代表自己的宝宝向自己的母亲索要些什么。有些外祖母十分慷慨，而有些外祖母则更加严苛。

在我女儿出生之后的两周时间里，她每夜都需要整夜被大人竖抱着。我妈妈和她的男朋友与我一起轮流抱我的女儿。她没有一句抱怨。她真是太棒了。（小公主，2个月）

我妈妈没有空来照顾宝宝。我不得不嘲笑自己竟然如此异想天开。这不是我妈妈的风格。当她来我家的时候，我们必须听从她的一切要求，这就意味着我们要坐在宾馆里抱着宝宝等我的妈妈随时发号施令。(小王子，9个月)

所有的这一切都会导致母女之间亲密关系发生变化。外祖母属于上一辈人，尽管她或许并不一定要把自己定位为上一辈人。有些外祖母会跟女婿发起激烈的竞争，证明她在照顾新手妈妈方面更胜一筹。有些外祖母似乎会出于类似的动机而跟自己的女儿发起竞争，证明自己是一位更好的妈妈。

绝大多数准妈妈对分娩倍感焦虑。她们惊讶于事后自己居然还能回忆起这么多细节，不管是那些美好的细节还是那些骇人的细节，她们以前都听自己的妈妈描述过。外祖母的正面经验一定是大有帮助的。塞拉·基辛格（Sheila Kitzinger）记得，她从母亲的分娩经历中获得了极大的自信。她写道："我妈妈身材娇小，但她生下的宝宝个个体重都超过了9磅。我知道，只要她能做得到，那么，我也可以。"

宝宝出生之后，妈妈会发现，她要用整天整夜的时间为宝宝哺乳。哺乳看似简单，但却需要花费时间，尤其是在最开始的几个月时间里。那些可以对新手妈妈有所照顾的新手外婆更值得感激。

妈妈：我儿子出生之后，我妈妈打电话对我说："我要来看望一下我的宝贝。我说的不是你的儿子。"

我：这样好不好呢？

妈妈：哦，当然好了。你可以全心全意地扑在宝贝身上，你都忘了，你自己也是个人。(小王子，5个月)

我妈妈来我家住了一个星期，她让我惊讶。我一个盘子都没洗。她又是清扫，又是做饭，而我可以一直陪着宝宝。(小公主，8个月)

有时候，外祖母认为自己最清楚女儿需要什么样的帮助。她不会与女儿确认她真正需要的帮助是什么，而女儿也会觉得，要向妈妈解释这不是她最需要的，会很尴尬的。

我妈妈曾在我家住了一个星期。她做家务。家里所有的东西她都用熨斗来熨。抽屉里都是熨过的裤子和袜子。以前，我从不熨这些东西的。在她走后，我发现我更希望她做很多的菜放在冰箱。也许，等她再来的时候，我可以提醒她。(小公主，4周)

在照顾新手妈妈和把妈妈当成幼儿之间，只有一线之隔。

我妈妈觉得我应该休息一下。可我不想休息，但她坚持让我休息一下，于是，我睡了一个半小时。然后，她把我叫醒，我真的是个坏脾气，一半原因是睡得正酣时被人叫醒，一半原因是我原本是不想睡的。(小公主，4个月)

一个新手妈妈可能会觉得并表现出不自信。她的妈妈则会对女儿的这种不自信感到担心。这时，她会很难做到置身事外，并意识到自己现在的身份是一位外祖母，而不是一个新生儿的母亲。有些新晋外婆似乎觉得这是不可能的。她们按捺不住地想要提供一些实际的帮助，但却没有注意到，这种做法是对女儿的缺乏信任。

我妈妈真的接管了我的宝宝。有一天晚上，她觉得孩子上床睡觉的时间到了，于是，就立即把宝宝抱了起来，而我却被一个人扔在那里，无所事事地坐着。(小王子，2个月)

我要来看望一下我的宝贝，
我说的不是你的儿子，
毕竟，你也曾经是我的宝贝。

我妈妈把我的女儿放下，摇晃宝宝了一会儿，这个小家伙立即就睡着了！（小公主，4 个月）（这位母亲似乎因为自己的母亲表现得比自己更胜任并取代了她作为母亲的身份而感到生气。）

育儿理论一直在变。新手妈妈缺乏经验，正在不断地尝试她的想法。外祖母或许会有种被批评的感觉，因为她的女儿没有按照她的方式来做，而在外祖母始终“更加在行”的情况下，新手妈妈会受到伤害。母女二人可能会陷入争论之中，比如喂奶的最佳方式，孩子是否需要固定的生活规律，一个职场妈妈是否也能够以自己的宝宝为代价满足自己的需求。

只有我和孩子在一起的时候，一切都完美极了。但我的妈妈总是没完没了。她不停地评头论足，好像我所做的一切都是错的。于是，我就觉得，我真的错了。（小王子，2 个月）

我的母亲是一名助产士。这一点有好处，也有坏处。上个星期，她打电话问我是否给孩子吃流质食物了。我说，儿子似乎还没准备好，但是她有关婴儿米粉的建议却和她的笑声一样咯咯地笑着进入了我的脑海，我发现，从此之后，我再也难以对自己的育儿方式产生信心了。（小王子，4 个月）

我的妈妈告诉我，我在“放任自流”，因为我一整天都跟我的宝宝待在家里。她认为，我应该回去工作。我不打算再给她打一个电话了。我跟她实在谈不来。（小王子，4 个月）

我的母亲问我在哪里，有人告诉她我在给宝宝喂奶。他们都在隔壁房间，我听到我母亲说：“又在喂奶?”宝宝肯定被吓了一跳，因为我的奶水突然就断流了。（小王子，半岁）

每次我母亲来我家之后我都会变得紧张不安。当时，我没有把我母亲的到访和我的紧张不安联系起来。但现在我应该已经明白了。这让我感到精疲力竭，觉得生活中没有任何美好的东西。(小公主，7 个月)

一个富有经验的妈妈是女儿唯一的资源

有时候，在宝宝出生之后，有的新手妈妈会与自己的母亲切断所有的联系。在这种情况下，这种关系在宝宝的出生之前已经变得十分紧张了。新手妈妈们大都抱怨她们的妈妈总是挑剔她们不会当一个好妈妈。这就好像是压死骆驼的最后一根稻草。即使在这样的时刻，大多数女儿都计划在以后与母亲重建她们之间的亲密关系，哪怕是为了自己的宝宝而这么做呢。

外祖母通常似乎并未意识到，此时此刻，她是女儿生活中多么重要的一个人。她那些消极的言论，哪怕是随口一说或开玩笑，也会让女儿感到极其痛苦。这是一个遗憾。一个富有经验的妈妈是女儿唯一的资源。比如，如今的女性背负着巨大压力，尤其是老板要求新手妈妈返回职场的压力。

我的母亲似乎一直都镇定自若、心态平和。她从来不会像我这样搞得一团糟。我们家永远是干净整洁的，她随时都会整理我们的房间。(小王子，3 个月)

我的母亲总是把家里的一切收拾得干净整洁、井井有条。我知道每一样东西放在哪里。对我们，她好像永远都有时间。而我经常会感到压力。我觉得，我自小到大始终有一种家庭的归属感，我希望我能把这一点传承下去。(小王子，15 个月)

上面的两位外祖母都没有批评她们的女儿。如果她们批评了女儿，她们的女儿肯定会伤心欲绝。上面提及的两个女儿都是职场女性，她们都不知道如何重建母亲创造出来的那种家庭。天下的母亲都善于适应各种情况，我敢肯定，这两位新手妈妈一定已经找到了其他办法，把她们记忆中的家的精髓重建了出来。

婆婆的评论也是重要的。在孕育宝宝之前，儿媳或许不会与婆婆有太多的联系。一旦怀孕，她就会给双方的家庭诞下一个孙辈成员。于是，她对婆婆的想法就会更加敏感。婆婆并不像亲妈那样，跟自己有着同样的血缘关系和终身的亲密关系。儿媳妇通常会希望与婆婆保持一定的距离。有些新手妈妈会发现，自己的婆婆能够提供宝贵的实质性帮助，为这个家庭带来受人欢迎的全新观念。当新手妈妈发现婆媳关系有问题的时候，一般都是因为婆婆的行为带有明显的侵略性，尤其是婆婆似乎根本不把她当作宝妈而给予尊重的时候。

昨晚，我的婆婆来我家了，她说："要是宝贝一哭你就把她抱起来的话，她真的会被宠坏的。"当时，我什么话都没说，但直到今天早上凌晨两点，我都还没入睡，一直在思考她说的这句话。她的话让我心烦意乱。（小公主，6 周）

我的婆婆来了，我的宝宝是她的第一个孙子。她很紧张，一直在给宝宝唱歌和说话。对于她来说，我和先生压根就不存在。我们仿佛不存在似的。（小王子，2 个月）

我把婆婆称为怪兽。她喜欢侮辱我。她想每个周末都见到我女儿，却不理解我为什么不希望她见我女儿。（小公主，3 个月）

当我的婆婆说出这种尖锐的话时，比如，什么"宝宝懂得自己的内心"或者"他能把你弄得团团转"，我总是一笑

了之。后来，当我回到家不停地重复她的这些话时，我简直是怒火中烧。(小王子，5个月)

这些反应表明新手妈妈对亲妈和婆婆对自己为人之母这个角色的看法有多么在意。她的丈夫或许会抗议说："我是孩子的爸爸。难道我的表扬对你来说还不足够吗?"但是，她的立场是多方面的。尽管她与丈夫结成了夫妻，但她也属于现在的一代妈妈。每一代母亲都对育儿理念做出了独一无二的贡献。

毕竟，你也曾经是我的宝宝

有些女性无法联系自己的妈妈。尤其是在母亲已经过世的情况下，这时，她们才意识到她们失去了多少。一个没有母亲的新手妈妈会说，她曾经多么热诚地希望从别的有经验的女性那里寻求慰藉和肯定。

(在开口之前，这位妈妈一直双眼含泪）我想念我的妈妈。她去世好多年了，假如她还在世，或许未必有我想的这么好。但是，比起其他宝宝，我的宝宝现在仍然有些瘦小，我只想让我的妈妈跟我坐在一起，告诉我，我这样做是对的。(小王子，3个月)

这不就是每个妈妈想要的吗?新手妈妈们当然并不希望自己的母亲无所不知地无时不在，把自己还当个孩子。一个新手妈妈总要不可避免地经过一段犹疑不定但又身负责任的时期。假如她的亲妈和婆婆能够保持冷静并信任她，那么，就等于给了她无比宝贵的帮助。

母亲还可以向女儿描述她出生之后那些生机勃勃的小细

节。女儿现在要把这个家庭的故事续写下去了。对于那些母亲已经去世的新手妈妈来说，她会非常清楚地意识到，这样的信息断裂是其他任何人都无法修补的。

她告诉了我小时候的很多事。太神奇了！（小王子，2个月）

宝宝在大哭，我妈妈说，这都是我的错，我不应该陪宝宝上床睡觉，也不应该对他太纵容。我说："瞧，你才是那个真正伤害了我的心的那个人。我刚刚成为妈妈6个月，而在这六个月里，你一直在说我做的一切都不对。"于是，她看出了我的沮丧，为了安慰我，她跟我说，我小时候她也让我跟她睡，她会把一瓶热牛奶为我放在衣服里面，诸如此类。在内心深处，她也同样是这种妈妈！（小王子，6个月）

与此同时，一个新手妈妈也会饶有兴致地观察自己的亲妈和婆婆帮助自己照顾孩子的种种细节。现在，她开始想象她们当初是怎么当妈妈的。

我妈妈总是想尽办法让宝宝开心。宝宝喜欢她，这没有丝毫的坏处。但我猜想，这也是她对待我们的方式。我妈妈不允许我们成为一个不开心的人。（小王子，11个月）

妈妈们也会回顾自己接受过怎样的育儿方式。许多妈妈要么去找专业人士进行咨询并进行心理治疗，要么从书籍或朋友那里获得一些经验。这让她们对自己的童年重新做出评价，有时候，她们决心以一种全新的方式来养育自己的孩子。

我小时候被称作"一个棘手的小孩"。我妈妈说，我一岁以前一直都在哭。我觉得，如果我对宝宝不敏感一点的话，他很容易变成我小时候那样。（小王子，4个月）

我妈妈没怎么抱过我。这不是一种身体上的亲密关系。所以，我努力在女儿的身上把这个错误纠正过来。我真的

不得不认真思考这个问题。我自言自语地说："现在是抱起宝宝的最佳时机吗？"这不是一种无意识的行为。（小公主，半岁）

我一直都在思考关于我父母的一切，尤其是我妈妈。我来自一个非常传统的家庭，我让我的父母非常失望。但是，我和妈妈就读于同一所训练机构，在同样的年龄获得了同样职业的入职资质。我结婚的年龄也与她一样。我也一直在思考关于她的童年的一切。她的童年过得非常不快乐。或许我所做的一切只是为了重复她曾经的生活，但却走了一条不同的道路。想到这些，我觉得我与妈妈之间的距离更近了。（女儿，10 个月）

我的母亲与她的母亲有很多相似之处。但是，我在尝试打破这一循环。我与她很不一样。我觉得，满足孩子的需要是非常重要的。但是，要向我所接受的养育方式达成妥协，我又很难做到。在我成年之后，这样的养育方式留下的是我那空虚的内心。（儿子，12 个月）

同时，这种对自我的全新理解又帮助她们对自己的母亲和外祖母有了更好的了解。一部完整的育儿历史可以追溯至好几代人，它能呈现出一代代人的生命故事。她们将自己视为一个尚未讲述但意蕴丰富的故事的一部分。

我的母亲生下我的时候只有 21 岁。我 30 岁才生下儿子。在我妹妹还是襁褓中的婴儿时，她生了很严重的病。我的母亲找到医生说："你得帮帮我。我担心我会伤害我的孩子。"现在我才明白，她当时有多么恐惧。她所做的一切都是为了我们好。她当时只是太年轻了。（小王子，2 个月）

我的母亲把她的房子钥匙给了我。她现在似乎觉得我已

经长大了，她可以信任我了。当然，现在我对她也更加了解了。(小王子，3个月)

对她们来说，这一定很不容易。当我们成为母亲的时候，她们就荣升为外婆了，或许许多外婆并不想成为外婆。我知道，我妈一定会说："别叫我'外婆'！听上去我太老了！"(小公主，8个月)

正因为很多妈妈有这么多工作和旅游的经验，她们觉得自己能够用全新的视角来重新发现并欣赏她们的母亲。

我的母亲来帮我带了一礼拜孩子。她对我的儿子很好。那个礼拜的最后，我向她表达我的感谢。她回答说："没关系的。毕竟，你也曾经是我的宝宝。"那一刻，我觉得非常内疚。我曾经是一个叛逆少女，那些年，我一直让她担惊受怕。在我20岁的那年，我还曾尖叫着告诉她我讨厌她。我觉得那是我当时真实的感受。但当她说这句话的时候，我忽然明白了。她对我的爱就像我对儿子的爱一样。(小王子，4个月)

说到最后，那些认真倾听的妈妈们全都泪如泉涌。这句话概括了许多妈妈的真实感受。好几位妈妈都承认她们也为自己对待过母亲的方式感到后悔。现在，她们可以更好地理解和尊敬自己的母亲了。她们不再把自己的母亲视为不完美的榜样，而是家庭故事里的一个角色，她们只是受到了特定时代的限制。下一段家庭故事就在她们自己的手里。当她们意识到为母之道的艰难时，她们就变得谦卑多了，也对母亲千辛万苦才实现的成就心悦诚服了。

译者致谢

在本书的翻译过程中，得到了很多好友的帮助和支持，在此一一表示感谢：

李梦瑶	姜　波	刘益斌	郝向东	刘振宇
于学江	朱英杰	史春玲	张桂芳	王旭飞
宋小平	王大楠	刘　迎	王亚梅	吴　昊
李东辉	孙　洁	王　伟	杨　宏	张玉翠
刘　钢	张军霞	李文勇	傅彩霞	陈建华
张　平				

译者

2019 年 3 月